El groen

Romain Tillet

EL GROENENDAEL

EDITORIAL DE VECCHI, S. A.

ADVERTENCIA

Este libro es sólo una guía introductoria de la raza. Para criar un perro es necesario conocer a fondo su temperamento y tener nociones generales de psicología y comportamiento animal, que no están contenidas en la presente obra. Se advierte que si se orienta mal a un perro, este puede ser peligroso.

Por otra parte se recuerda que, lógicamente, sólo un profesional acreditado puede adiestrar a un perro y que cualquier intento de hacerlo por cuenta propia constituye un grave error. Es obvio que bajo ningún concepto debe permitirse que los niños jueguen con un perro si el propietario no está presente.

Deseo dar las gracias a todas las personas que me han ayudado en la elaboración de esta obra. En primer lugar, a todos los propietarios de groenendael que permitieron que fotografiase a sus perros, así como a los señores Lecourt, criadores de dogo alemán con el afijo Le Pré des Allans *en Seine-et-Marne, que me asesoraron en todo lo concerniente a la salud, la reproducción y la alimentación.*

Asimismo agradezco a Séverine Duchesne, quien fue la primera que me propuso hacer una sesión fotográfica a Idem, *y a la señora Couchet-Peillon, del criadero* Les Perles Noires, *las fotografías que gentilmente me han cedido.*

A mis padres que me han brindado su apoyo, en particular mi madre en la elaboración del original. También doy las gracias a todas aquellas personas que preguntándome «¿cómo va el libro?» me han dado fuerzas para proseguir con la labor.

Finalmente, deseo expresar mi reconocimiento a Jean-Mathieu Gosselin, director de Editorial De Vecchi en Francia, quien me ha dado la oportunidad de escribir mi primer libro. Espero que tanto a él como a todos los lectores les guste esta obra, y que El groenendael sea el primero de una larga serie.

Traducción de Gustau Raluy Bruguera

Fotografías del autor, salvo cuando se indica

En la cubierta: fotografía principal: Romain Tillet, Maverick. *Recuadro pequeño:* Javotte des Perles Noires, *de dos meses (*Gylson de la Fureur du Crépuscule x Emma des Perles Noires*). Cría, propiedad y fotografía de Cécile Couchet-Peillon*

Dibujos de Alberto Marengoni, salvo cuando se indica

© Editorial De Vecchi, S. A. 2000
Balmes, 247. 08006 BARCELONA
Depósito Legal: B. 3.355-2000
ISBN: 84-315-2342-5

Índice

Prólogo

He aquí la opinión de un propietario de pastor belga: «El pastor belga, por la armonía de su estructura y por la extraordinaria sensibilidad de su inteligencia, forma parte de la aristocracia de las razas de perros de pastor», lo cual es totalmente cierto. El estándar precisa: «perro de proporciones armoniosas, inteligente, rústico, acostumbrado a la vida al aire libre, construido para resistir las intemperies estacionales y las variaciones atmosféricas tan frecuentes del clima belga».

¿Qué más se puede añadir?

Aunque cuanto se ha dicho es más que suficiente, se podría precisar que el pastor belga está siempre «en guardia», ya que no pierde nunca de vista a su dueño. Una simple mirada, una mueca, un susurro, un gesto, y el perro nos presta toda su atención. Basta con contemplar sus ojos para darse cuenta de que nos entiende perfectamente. Es un animal fiel a su dueño y valiente, extraordinariamente obediente si la relación que ha establecido con él es firme. Debe tenerse en cuenta que es un perro muy sensible que no soporta la brutalidad.

Como la mayor parte de las razas caninas, el pastor belga necesita «una mano de hierro con guante de seda», si bien en este caso hace falta mucha seda.

El pastor belga es un can robusto de talla mediana (altura: 64 cm +4/–2 para los machos, 60 cm +4/–2 para las hembras).

Sus dos características principales son la elegancia y la potencia: la solidez de su osamenta y la musculatura enjuta, perfectamente combinadas, son las responsables de sus líneas armoniosas.

La principal preocupación de los criadores ha sido siempre buscar el equilibrio de estas dos características, cualidad imprescindible de cualquier perro aspirante a campeón.

Es de señalar que un leve exceso de potencia es más admisible en el macho, mientras que el exceso de elegancia se tolera más fácilmente en la hembra.

En cuanto al trabajo (*ring*, rastreo, *agility*), siempre se debe abordar como un juego divertido. No hay nada mejor que ver un pastor belga paseando por el *ring*.

Recuerdo el campeonato de Île-de-France en Sucy-en-Brie en 1978, en el que participaba *Petite Horloge* (apodo con el que se conocía al campeón de trabajo *Tabou de l'Orchidée Noire*), un animal que ejecutaba los ejercicios maravillosamente, «como si tuviera muelles en las patas», y que con toda seguridad muchos aficionados todavía recuerdan con agrado.

En los años sesenta, setenta y ochenta, los criadores contribuyeron en gran medida a la mejora de la raza, cada uno en la medida de sus posibilidades, buscando unos la belleza y otros la capacidad de trabajo. Desde estas líneas quiero aprovechar la ocasión para recordar los nombres de los criaderos que participaron en esta labor: Le Refuge d'Avane, La Fontaine du Buis, Le Petit Pommier, Le Parc de la Hay, Les Gorges de Lures, Le Périgord Vert, La Noue Saint-Éloi, Le Parc d'Émonville, Le Masque de Sable, Le Bois du Tot, Le Chemin des Dames y algunos más, puesto que la relación es muy numerosa.

Actualmente, después de veinte años de trabajar con pastores belgas, sigo estando plenamente convencido de que son los mejores perros que existen.

PATRICE GAUDIN
Propietario y ex adiestrador de pastores belgas

Introducción

Si alguien me hubiera dicho, cuando empecé mis estudios de fotografía, que un buen día escribiría un libro, a buen seguro me hubiera reído. Sin embargo, al cabo de un tiempo tuve que redactar artículos con los que acompañar mis reportajes y, finalmente, acabé por escribir uno. No es una empresa fácil, y espero que los lectores sabrán perdonarme los errores de principiante, pero es una experiencia apasionante que me ha enseñado muchas cosas y me ha enriquecido en muchos aspectos.

Me satisface presentar un perro que me resulta particularmente simpático: el pastor belga groenendael. Este perro maravilloso despierta un gran entusiasmo entre los criadores y el gran público. Es un animal deportista, trabajador y muy afectuoso, que se adapta perfectamente a la vida de familia por poco que esté bien educado. Esta es la imagen del groenendael que me gustaría transmitir al lector.

Origen e historia

Aunque la reflexión parece muy pertinente y poética, «Dios creó al hombre y, al verlo tan débil, le dio el perro» (Toussenel, *L'Esprit des bêtes*), hay que reconocer que la verdad es más compleja y oscura...

Orígenes

Existen varias teorías sobre el origen de los perros actuales, pero lo que parece cierto es que derivan del mismo tronco de mamíferos de donde proceden los osos, los mapaches, los gatos, las hienas, las focas. El antepasado de los lobos, chacales, perros y otros cánidos sería el *Tomarctus*, un predador de patas cortas que vivía hace quince millones de años. A partir de ahí existen dos teorías. La primera considera que todos los perros descienden de un mismo tipo de animal salvaje y las diferenciaciones se habrían producido más tarde. La segunda se basa en el principio según el cual el perro desciende de cuatro ramas primitivas derivadas del *Tomarctus*:

— el *Canis familiaris intermedius*, que tendría su origen en el perro de las turberas y en el lobo, y habría dado los perros de tiro y los perros de caza (épagneul, griffon y spitz);
— el *Canis familiaris leineri*, que sería el antepasado de los lebreles y de los terrier;
— el *Canis familiaris inostranzewi*, que sería el antepasado de los dogos, los bouvier (o boyeros) y otros molosos;
— el *Canis familiaris metris-optimae*, que tendría su origen en el lobo indio y sería el ancestro de las razas de perros de pastor.

Según esta teoría, el pastor belga deriva del *Canis familiaris metris-optimae* que vivía en Asia hacia el 7000 a. de C.

El «perro de bronce», cuyos restos fueron hallados junto con otros vestigios de la Edad de Bronce, vivía unos dos mil años a. de C. y era descendiente del *Canis familiaris metris-optimae*.

Si bien en la Edad Media no había ninguna raza verdaderamente definida, se sabe que a partir de ella existían tipos distintos de perros. Los pastores utilizaban los de tipo lupoide para conducir el ganado por los campos o hacia los mercados o los mataderos. Los cruces, que en su gran mayoría eran producto del azar y de la intuición de la gente del campo, comenzaron a producir perros de pastor de características diferentes en función del lugar. El hombre no tardó en empezar a seleccionar sus perros de pastor de forma más consciente con el fin de obtener un rendimiento mejor en las tareas cotidianas. Estas selecciones se llevaron a cabo siguiendo un criterio funcional, ya que los pastores se quedaban los ejemplares que pudiesen ser buenos conductores de rebaños y prescindían de los otros. De este modo, en el siglo XIX se podía observar en las llanuras belgas perros de distintos tipos de pelo, tanto por el color, la longitud y la textura. Eran perros de talla pequeña, muy dinámicos, rápidos y ligeros, dotados de una resistencia extraordinaria.

Historia

La historia del pastor belga se inicia gracias a la pasión del profesor Adolf Reul. Nacido el año 1849 en Braives, comenzó a estudiar veterinaria en 1866 y se graduó en 1871 siendo el primero de su promoción. A lo largo de su carrera recibió un gran número de títulos y distinciones, entre los que cabe destacar su nombramiento como caballero de la Orden de Leopold en marzo de 1896, la medalla al civismo de primera clase que le fue otorgada en 1899 y la medalla de honor, concedida en 1905. Falleció el 10 de enero de 1907 en Bruselas.

El 29 de septiembre de 1891, el profesor Reul creó, con la ayuda de agricultores y pastores, el primer club del perro de pastor belga en Bruselas. Con el objetivo de iniciar una selección rigurosa y establecer unos criterios de la raza, reunió el mayor número posible de animales próximos a la idea que él se había formado de lo que debía ser el perro de pastor belga ideal. Los ciento diecisiete ejemplares seleccionados fueron reunidos en la clínica veterinaria de Cureghem el 15 de noviembre de 1891. Una vez descartados los perros poco homogéneos, demasiado pesados o de formas impropias del perro de pastor, quedaron sesenta y dos en la lista. El primer borrador del estándar contemplaba la división de la raza en tres variedades: pelo duro, pelo largo y pelo corto. Es muy importante destacar que desde el principio se habla de variedades de pastor belga y no de razas distintas.

Estos animales fueron descritos como muy vivos y con tres texturas de pelo diferentes. Los colores de las capas también eran diferentes: negro, gris, leonado y leonado carbonado *(bringé)*. En cambio, todos los ejemplares sin excepción poseían un subpelo muy duro, resultado de las condiciones de vida habituales, que les permitía resistir el frío y les protegía de muchas heridas.

La talla media de estos perros era de 55 cm. Tenían las orejas rectas y de forma triangular, y los ojos marrones. El trabajo de campo se llevó a cabo en otras provincias, con el objetivo de elaborar un primer estándar, que se publicó en abril de 1892. Los días 1 y 2 de mayo de 1892 en el matadero de Cureghem tuvo lugar una exposición organizada por el Club del Perro de Pastor Belga y por el Club del Collie, esta última raza muy conocida en aquella época. De los 92 pastores belgas inscritos, se contaron 40 de pelo largo (28 machos y 12 hembras), 19 de pelo duro (14 machos y 5 hembras) y 33 perros de pelo raso (19 machos y 14 hembras).

El jurado, compuesto por el profesor Reul, M. Charles y M. Van der Snickt, concedió el primer premio a una perra propiedad de Nicolás Rose, un famoso restaurador,

Frac du Pré Saint Florent, un magnífico groenendael en una posición muy fotogénica. (Propiedad de Marie-Paule Erb)

dueño de un establecimiento situado en el sureste de Bruselas en el bosque de Soignes: el castillo de Groenendael (que en flamenco significa «Valle verde»). A Rose se le conocía por sus cultivos de zanahorias y de coles, las mejores de la región, y, por un raro silogismo, se daba por hecho que también criaría los mejores perros. Pero para empezar necesitaba una pareja. Un pastor le cedió una hembra, *Petite*, que venció en la primera exposición a la que nos hemos referido anteriormente. Era un animal muy atento, inteligente y rústico, cualidades que necesitaba cuando guardaba las ovejas en Hannonsart, en la granja La Hulpe. *Petite* fue el primer eslabón de la variedad groenendael, que en aquella época todavía no se denominaba así.

Rose necesitaba también un macho de calidad, y este fue *Picard*, un gran perro negro que había sido comprado por M. Bernaerts, quien se había fijado en él por sus cualidades de perro de rebaño. *Picard* se mudó de Feluy-Arquennes a la propiedad de Uccle, donde fue descubierto por M. Rose. Se dio a conocer como *Picard d'Uccle* y fue muy admirado en la exposición del 25 de octubre de 1896 celebrada en la Escuela Veterinaria de Cureghem, que reunió a los cuarenta mejores ejemplares.

La unión de estos dos perros alegres y dinámicos produjo la primera camada el 1 de mayo de 1893. Estos cachorros de pelo largo y negro recibieron el apelativo de *perros de Groenendael*, y más tarde el de *groenendael*.

Se puede decir que de los hijos de *Petite* y *Picard* (*Baronne*, *Bergère*, *Margot*, *Mirza*, *Pitt* y el célebre *Duc de Groenendael*) descienden los groenendael actuales.

Hasta entonces, los pastores belgas groenendael y los pastores belgas tervueren formaban parte de la misma variedad: la de pelo largo. El 12 de marzo de 1898 se separan por primera vez en una exposición los belgas de pelo largo. Surgió una larga polémica sobre los colores de los mantos que apenas afectó a los pastores belgas de pelo largo negro, cuya población era de las más homogéneas. Durante la primera guerra mundial, la cría de pastores belgas sufrió un importante retroceso, tanto en número como en calidad. Sin embargo, una vez finalizado el conflicto, la actividad cinológica se reanudó en Bélgica y en Francia, gracias a lo cual, durante el periodo de entreguerras, el groenendael conoció un gran éxito, especialmente en Francia, hasta el punto de que los

Primer plano de un groenendael muy típico. (Propiedad de Serge Delohen)

PERROS DE PASTOR BELGA

Malinois   Laekenois   Groenendael   Tervueren

ejemplares franceses estaban en condiciones de rivalizar con sus homólogos belgas.

Merece la pena destacar a *Pitou des Barricades*, nacido el 18 de septiembre de 1924, que fue campeón de Francia en 1927, invicto hasta 1933 (cosechando 50 Certificados de Aptitud para el Campeonato y Certificados de Aptitud para el Campeonato Internacional de Belleza) y logró el 1.er premio CACIB en Bruselas en 1928, así como el CAC de la Louvière. Otro ejemplar valioso fue *Stella du Bois des Buttes*, 1.er premio CAC y CACIB en Bruselas, y gran premio del rey al mejor ejemplar de raza belga. Asimismo también debe citarse a *Friponne du Chemin des Dames*, 1.er premio CAC y CACIB en Bruselas, y gran premio de honor al mejor pastor belga de todas las variedades.

Cuando estalla la segunda guerra mundial, la variedad groenendael se encuentra en pleno apogeo. Desgraciadamente, el periodo 1939-1945 no es favorable a la cría, y al finalizar la guerra quedan unos pocos groenendael (también algunos malinois, pero se produce una ausencia casi total de las otras variedades). Estos pocos ejemplares belgas de tipo groenendael permitieron reconstruir no sólo la variedad, sino también recuperar la variedad tervueren.

La empresa no fue sencilla. Costó mucho retomar las líneas existentes a finales de los años treinta, ya que habían alcanzado un nivel de calidad excelente. A pesar de todo, a partir de 1946 se pueden ver groenendael excepcionales en la exposición de París. Para mejorar la variedad, a partir de esta fecha se importan sementales procedentes de Bélgica, en concreto machos del criadero L'Infernal.

El estándar

• **Estándar n.º 15
del 16 de octubre de 1989**
País de origen: Bélgica
1.er grupo, sección 1

Aspecto general y aptitudes

Perro mediolíneo, de proporciones armoniosas, inteligente, rústico, acostumbrado a la vida al aire libre, preparado para resistir las intemperies estacionales y las variaciones atmosféricas tan frecuentes del clima belga.

La armonía de sus formas y el porte altivo de la cabeza dan al perro de pastor belga una impresión de elegante robustez, que se ha convertido en patrimonio de los representantes seleccionados de una raza de trabajo.

A la aptitud innata de guardián de rebaño, une las preciosas cualidades de mejor perro de guarda de la propiedad. Si la ocasión lo requiere, es un valiente defensor de su dueño. Su talante es despierto y atento, y su mirada viva e inquisitiva denota sin duda una gran inteligencia.

Cabeza

La cabeza está bien cincelada, es larga sin exageración y enjuta. El cráneo y el hocico son de igual longitud, aunque puede haber una ligerísima diferencia en favor del hocico. Este detalle consigue dar una impresión de perfección al conjunto.

El hocico es recto y se estrecha gradualmente. (Propiedad de Marie-Paule Erb)

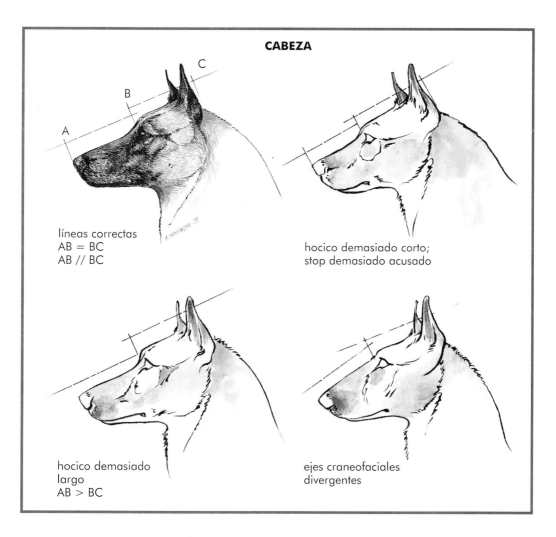

CABEZA

líneas correctas
AB = BC
AB // BC

hocico demasiado corto;
stop demasiado acusado

hocico demasiado
largo
AB > BC

ejes craneofaciales
divergentes

Trufa: negra, con fosas nasales bien abiertas.

Hocico: de mediana longitud; se afina progresivamente hacia la nariz.
La testuz es recta y, vista de perfil, es paralela a la prolongación imaginaria de la línea del cráneo.
La boca es larga.

Labios: finos, bien dibujados, intensamente pigmentados, no dejan ver el rojo de las mucosas.

Mejillas: secas, planas aunque musculosas.

Dentadura: mandíbulas dotadas de dientes fuertes y blancos, igualados, fuertemente insertados en maxilares bien desarrollados. El cierre preferido es «en tijera», es decir,

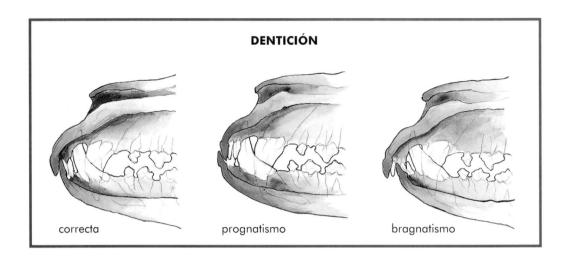

DENTICIÓN

correcta   prognatismo   bragnatismo

con los incisivos superiores cubriendo los de la mandíbula inferior, pero sin que haya pérdida de contacto. La coincidencia de los incisivos está tolerada; esta mordida, que recibe el nombre de «en tenaza» o «en pinza», es la preferida por los pastores y conductores de rebaños en general.

Stop: moderado, pero marcado.

Arcos supraciliares: no prominentes, con el hocico bien cincelado debajo de los ojos.

Cráneo: de mediana longitud, proporcionado con la longitud de la cabeza, con la frente más plana que redondeada, y la línea medial poco pronunciada; visto de perfil es paralelo a la línea imaginaria de prolongación del hocico.

Ojos: de tamaño mediano, ni prominentes ni hundidos, ligeramente almendrados, de color castaño preferentemente oscuro; los márgenes de los párpados son negros. Mirada directa, vivaz, inteligente e inquisitiva.

Orejas: de forma claramente triangular, erguidas y rectas, altas, de longitud proporcionada y con el pabellón bien redondeado en la base.

Cuello: bien libre. Bastante largo, musculoso, sin papada y se ensancha gradualmente hacia los hombros.

Nuca: ligeramente arqueada.

Idem du Clos du Faubourg tiene unos bonitos ojos almendrados. (Propiedad de Séverine Duchesne)

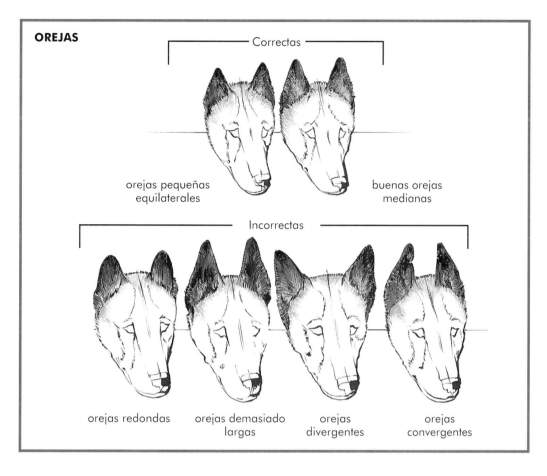

OREJAS

Correctas

orejas pequeñas
equilaterales

buenas orejas
medianas

Incorrectas

orejas redondas | orejas demasiado largas | orejas divergentes | orejas convergentes

Extremidades anteriores

Osamenta: compacta; musculatura enjuta y fuerte.

Hombros: los omoplatos son largos y oblicuos, bien planos, y forman con el húmero un ángulo suficiente para permitir un movimiento suelto de los codos.

Brazos: han de moverse en total paralelismo con el eje longitudinal del cuerpo.

Antebrazos: largos y musculosos.

Metacarpos: fuertes y cortos, con la articulación de la muñeca limpia y sin indicios de raquitismo.

Pies: redondos, con los dedos curvados y bien apretados, almohadillas plantares espesas y elásticas, uñas oscuras y gruesas.

APLOMOS DELANTEROS

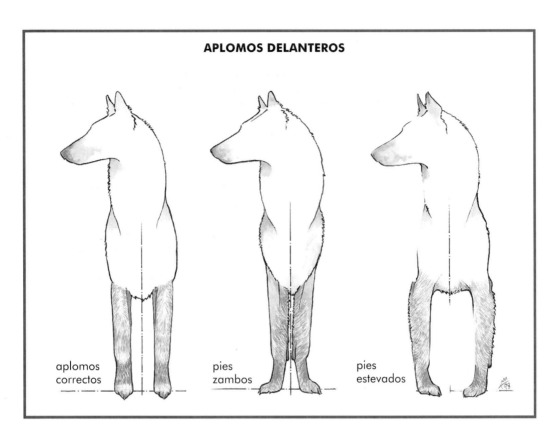

aplomos
correctos

pies
zambos

pies
estevados

HOMBRO

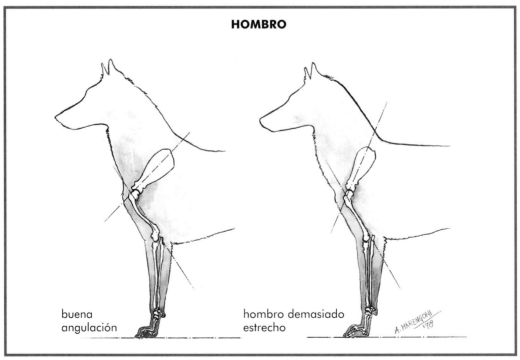

buena
angulación

hombro demasiado
estrecho

Tronco

El tronco es poderoso pero no puede decirse que sea pesado. La longitud, medida desde la punta del hombro hasta la punta de la nalga, en el macho es aproximadamente igual a la altura en la cruz.

En la hembra, en cambio, puede ser incluso ligeramente superior.

Pecho: visto de frente, poco ancho pero sin llegar a parecer estrecho.

Tórax: poco ancho, pero en cambio profundo y bajo, como en todos los animales de gran resistencia. La caja to-

ESQUELETO

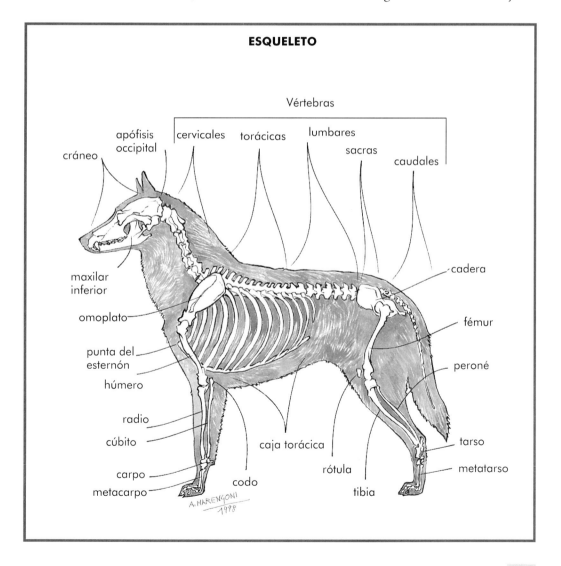

Vértebras

cráneo
apófisis occipital
cervicales
torácicas
lumbares
sacras
caudales
maxilar inferior
omoplato
punta del esternón
húmero
radio
cúbito
carpo
metacarpo
codo
caja torácica
rótula
tibia
cadera
fémur
peroné
tarso
metatarso

A. MARENGONI
1998

PARTES DEL CUERPO

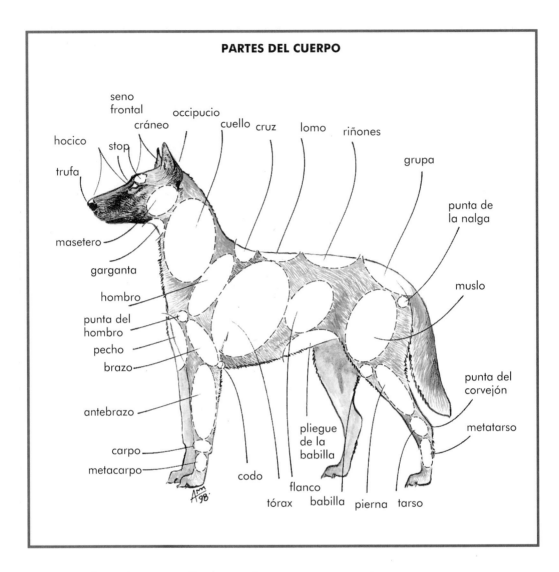

seno frontal · occipucio · cráneo · cuello · cruz · lomo · riñones · hocico · stop · trufa · grupa · punta de la nalga · masetero · garganta · hombro · muslo · punta del hombro · pecho · brazo · punta del corvejón · antebrazo · metatarso · carpo · pliegue de la babilla · metacarpo · codo · flanco · tórax · babilla · pierna · tarso

rácica está formada por costillas arqueadas en su parte superior.

Cruz: pronunciada.

Línea superior del tronco (lomo y región lumbar): recta, ancha y poderosamente musculada.

Vientre: de desarrollo moderado, ni demasiado lleno ni demasiado retraído, prolongando en una curva armoniosa la línea inferior del pecho.

Grupa: se caracteriza por ser ligeramente inclinada, ancha sin exageración.

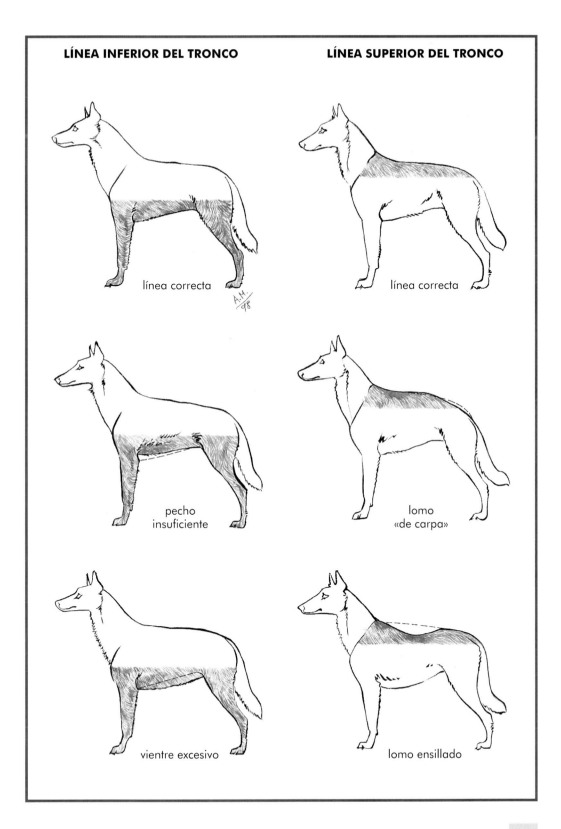

LÍNEA INFERIOR DEL TRONCO

LÍNEA SUPERIOR DEL TRONCO

línea correcta

A.H. 98

línea correcta

pecho insuficiente

lomo «de carpa»

vientre excesivo

lomo ensillado

I'be de Nabissimo. *(Propiedad de los señores Chereau)*

Extremidades posteriores

Potentes, pero sin ser pesadas. Aplomos perpendiculares al suelo.

Muslos: anchos y con musculatura fuerte. La babilla será perpendicular a la línea de la cadera.

Piernas: largas, gruesas, musculadas y anguladas. Los corvejones, próximos al suelo, son anchos y musculosos. Vistos desde atrás deben ser perfectamente paralelos.

Metatarsos: sólidos y cortos. Los espolones no son deseables.

Pies: ligeramente ovalados, dedos curvados; almohadillas plantares espesas y elásticas; uñas oscuras y gruesas.

Cola

La cola esta bien insertada, es fuerte en la base y de longitud mediana. En reposo el perro la lleva baja, con la punta ligeramente curvada hacia atrás, a la altura del corvejón. En movimiento, la levanta y acentúa la curvatura de la punta, aunque sin llegar a desviarse ni formar un gancho.

APLOMOS POSTERIORES

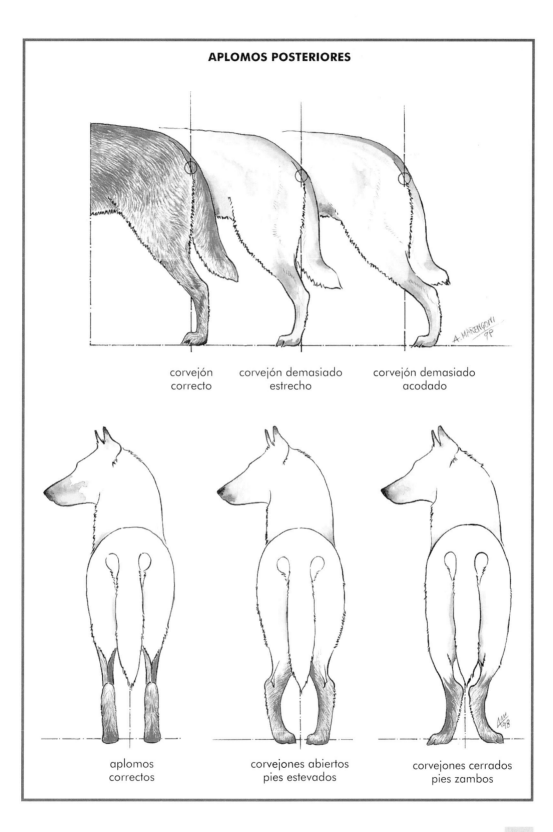

corvejón
correcto

corvejón demasiado
estrecho

corvejón demasiado
acodado

aplomos
correctos

corvejones abiertos
pies estevados

corvejones cerrados
pies zambos

PORTE DE LA COLA CORRECTO

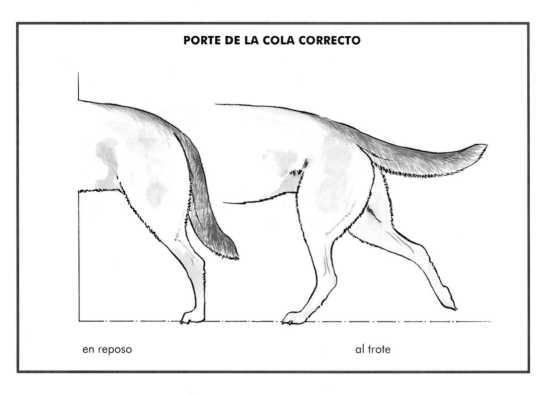

en reposo

al trote

PORTE DE LA COLA INCORRECTO

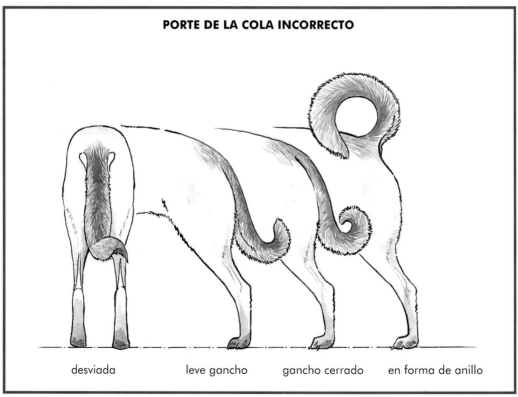

desviada   leve gancho   gancho cerrado   en forma de anillo

Manto

Máscara: ha de tender a englobar los labios superiores e inferiores, las comisuras de los labios y los párpados.

Colores: *para los tervueren:* el leonado carbonado, al ser el más natural, se considera el preferido. El leonado ha de ser cálido, ni claro ni desvaído. Los perros que no presentan la intensidad deseada no pueden aspirar a la calificación de *excelente* y todavía menos recibir una propuesta de CAC, de CACIB o de reserva. *Para los malinois:* únicamente se acepta el leonado carbonado con máscara negra. *Para los groenendael:* sólo el negro zaino. *Para los laekenois:* se exige el leonado con trazas de carbonado, principalmente en hocico y cola. Se tolera un poco de blanco en el pecho y los dedos.

Pelo: las características del pelo (de longitud y textura variadas) se han tomado como criterio para diferenciar las variedades del pastor belga. En todas ellas ha de ser abundante, espeso y de buena textura, formando junto con el subpelo lanoso un envoltorio protector.

Piel: elástica y tersa en todo el cuerpo. Mucosas externas pigmentadas intensamente.

Talla

La altura deseable es de 62 cm para los machos y de 58 cm para las hembras; se toleran 2 cm menos y 4 cm más.

Deambulación

Los movimientos son vivos, sueltos y el animal ha de cubrir el máximo terreno posible. El pastor belga es extraordinariamente dinámico y parece infatigable. Debido a su carácter exuberante tiene una marcada tendencia a moverse en círculo en lugar de hacerlo en línea recta.

Imperfecciones

Carácter: agresivo o miedoso.

Trufa, labios y párpados: indicios de despigmentación.

Dentadura: bragnatismo leve.

Ojos: claros.

Hombros: demasiado rectos.

Tren posterior: débil, con corvejones rectos.

Pies: abiertos.

Cola: porte excesivamente alto, en forma de gancho, desviada fuera de la línea mediana del cuerpo.

Pelo: carencia de subpelo.

Color: el gris, las tonalidades insuficientemente cálidas o deslavadas; la máscara invertida.

Continuamente en movimiento, el groenendael parece infatigable. (Propiedad de Séverine Duchesne)

Defectos descalificantes

Dentadura: bragnatismo pronunciado o prognatismo. Falta de algunos premolares: la ausencia de cuatro pequeños premolares (pm 1) situados justo detrás de los caninos se tolera sin penalización. Por el contrario, la falta de un premolar, distinto al pm 1, resta un punto.

Finalmente, en el conjunto de los dos maxilares, la falta de dos premolares grandes como mínimo, independientemente de su situación, conlleva la descalificación.

Orejas: colgantes o manipuladas.

Cola: carencia o acortamiento de la cola, de nacimiento o por amputación.

Color: manchas blancas en áreas que no sean pecho y dedos. En el tervueren y el malinois, ausencia de máscara.

Carácter: los ejemplares exageradamente agresivos, muy nerviosos o cobardes, serán descalificados. En los juicios se valorará el carácter «calmado» y «audaz».

Sexo: los perros con monorquidia o criptorquidia.

Medidas: las proporciones medias en un perro de pastor belga macho de 62 cm de alzada son las siguientes:

— longitud del tronco (de la punta del hombro a la punta de la nalga): 62 cm;
— longitud del lomo (de la cruz a la cadera): 41 cm;
— perímetro del tórax, tomado por detrás de los codos: mínimo 75 cm;
— altura del tórax: 31 cm;
— desde el suelo hasta el tórax: 31 cm;
— longitud de la cabeza: 25 cm;
— longitud del hocico: 12,5 a 13 cm.

Variedades

Pelo largo

Presenta pelo corto en la cabeza, en la superficie externa de las orejas y en las partes distales de las extremidades, salvo en la parte posterior del antebrazo, en donde es más largo desde el codo hasta el metacarpo y forma mechas. Es largo y liso en el resto del cuerpo, sobre todo alrededor del cuello y en el pecho, donde por su abundancia forma collar y pechera. La abertura del conducto auditivo está protegida por pelo tupido. Las mechas marcan también la línea de las nalgas y forman un *culotte*. La cola está asimismo recubierta de pelo largo y abundante que forma un penacho.

Nota: en la variedad de pelo largo se denomina *groenendael* a la variedad de pelo negro, y *tervueren* a la variedad de color leonado carbonado. El leonado ha de ser cálido, en ningún caso claro ni desvaído. Si el color de un perro carece de la intensidad deseada, el ejemplar no puede pretender una calificación de *excelente*, y todavía menos puede ser merecedor de una propuesta de CAC, de CACIB o de reserva.
Para el carbonado se exige que las dos orejas, los dos párpados superiores, los dos labios inferiores y los dos superiores sean negros.

Para el pelo largo de color diverso al leonado carbonado, véanse los apartados «Manto» e «Imperfecciones» (pág. 27).

Defectos: es penalizable el pelo lanoso, rizado, ondulado o corto. En el groenendael no son deseables los reflejos rojos en el pelo y el *culotte* gris. En el tervueren se evitan las tonalidades grises, las poco cálidas o las desvaídas, así como la ausencia de carbonado, su disposición formando manchas y la máscara insuficiente o invertida. El exceso de carbonado en el cuerpo no es deseable.

Pelo corto

Muy corto en la cabeza, en las caras externas de las orejas y en las partes distales de las extremidades. Corto en el resto del cuerpo, si bien es más abundante en la cola y alrededor del cuello, donde forma un collar. Además, el perfil de las nalgas está marcado con pelos más largos. La cola es espigada.

Nota: en la variedad de pelo corto recibe el nombre de *malinois* el ejemplar de pelo corto, leonado carbonado con máscara negra.

Se consideran los mismos ocho puntos de pigmentación epidérmica que en el tervueren. No se reconoce otro color que no sea leonado carbonado.

Maverick du Crepuscule des Loups y Latest Love de la Vallée des Noyeres. *(Propiedad de Serge Delohen)*

Defectos: pelo semilargo en donde debería ser corto; pelos duros diseminados entre el pelo corto; pelo ondulado; ausencia total de carbonado o presencia en forma de manchas. La máscara insuficiente o invertida no es deseable.

Pelo duro

Esta variedad se caracteriza por la aspereza y la sequedad del pelo. La longitud es de unos 6 cm. El pelo del contorno de los ojos y el que recubre el hocico no debe ser tan abundante como para dar a la cabeza el aspecto del barbet o del briard. Sin embargo, la cobertura del hocico es obligatoria. La cola no ha de formar penacho.

Nota: se denomina *laekenois* el pelo duro leonado con trazas de carbonado en el hocico y en la cola.

Defectos: pelo demasiado largo, sedoso, crespo, ondulado o corto; borra y pelos finos diseminados formando pelluzgones entre el pelo duro. Longitud excesiva de los pelos del contorno de los ojos o del hocico. Cola frondosa.

Cruces entre variedades

Las uniones entre ejemplares de diferentes variedades están prohibidas, excepto en casos muy particulares, con derogación expresa por parte de las comisiones de cría nacional competentes (texto 1974, redactado en París).

Nota: los machos han de tener dos testículos de apariencia normal completamente descendidos en el escroto.

Comentarios sobre el estándar

Si bien el estándar del pastor belga es uno de los mejor elaborados de la especie canina, no hay que olvidar que representa el tipo ideal que se desearía obtener. Por consiguiente, es poco realista pretender tener un perro que se ajuste en todos los puntos a la descripción del estándar, y esto es tan válido para el pastor belga como para todas las demás razas.

El estándar es un modelo que tiende a la perfección, y que todos los criadores intentarán seguir en la medida de lo posible.

Sin embargo, la genética no permite calcular y estructurarlo todo, y el resultado de una monta conserva una parte aleatoria. Esto significa que un perro que no respete al pie de la letra los criterios citados, no tiene por qué ser rechazado.

Los comentarios sobre el estándar son indispensables para saber hasta qué punto pueden interpretarse sus indicaciones.

Aspecto general y aptitudes

Se dice que es un «perro mediolíneo de proporciones armoniosas» porque el pastor belga es un perro de talla mediana, ni pequeño ni grande, ni pesado ni delgado. El pastor belga groenendael es «rústico, acostumbrado a la vida al aire libre, preparado para resistir las intemperies estacionales y las variaciones atmosféricas», aunque no por ello debe someterse a condiciones de vida tan duras. Es un magnífico perro de compañía que no debe convertirse en un animal endeble y mimado. Es ante todo un perro activo, vivaz, «despierto y atento», con un cuerpo «de elegante robustez», es decir, musculoso, sin pesadez, gracioso y no enclenque.

J'gengis Khan de Brunalis, *un magnífico groenendael de porte altivo. (Propiedad de los señores Chereau)*

Frac du Pré Saint Florent *ha obtenido buenos resultados tanto en exposiciones como en rastreo. (Propiedad de Marie-Paule*

Forban de la Bourbancay, *completando la prueba del eslalon en agility, ilustra perfectamente la precisión y la agilidad del groenendael. (Propiedad de Jacques Saad)*

Cabeza

«La cabeza está bien cincelada», sin ningún indicio de pesadez. Es elegante, sin llegar a ser tan fina como la de un lebrel, y «larga pero sin exageración». El hocico tiene que tener una longitud igual a la del cráneo, y en caso de no respetarse la exactitud en la proporción, se preferirá un hocico más largo, dando «una impresión de perfección al conjunto».

La trufa, de color negro, ha de estar totalmente pigmentada.

El stop «moderado, pero marcado», tiene que ser discreto pero presente; el perfil de un pastor belga ha de diferenciarse del collie. El stop permite que el cráneo sea bien «paralelo a la línea imaginaria de prolongación del hocico. En cualquier caso deberá ser suave, respetando la finura y la elegancia de la cabeza del belga.

El hocico y el cráneo tienen aproximadamente la misma longitud; vistos de perfil ambos son rectos: «La testuz es recta» y la «frente es más bien plana que redonda». Se tolera la frente levemente redondeada, pero no cóncava.

Las mejillas son «secas, planas aunque musculosas», acordes con el conjunto del pastor belga: musculosas pero enjutas, finas pero no delgadas, hecho que repercutiría negativamente en la estética del animal. Los labios son finos y «bien dibujados», siguiendo la línea general del perro. Han de estar «bien pigmentados, sin dejar ver el rojo de las mucosas»; es deseable que sean muy oscuros. Las mandíbulas con «dientes fuertes y blancos, igualados, fuertemente insertados en maxilares bien desarrollados», nos confirman que se trata de un perro perfectamente capacitado para el trabajo y el deporte. La articulación en tijera («es decir con los incisivos superiores cubriendo los de la mandíbula inferior, pero sin que haya pérdida de contacto») ofrece una presa mejor y es la más apreciada por los jueces. La articulación en pinza (superposición de los incisivos) está tolerada y «es la preferida por los pastores y conductores de rebaños en general», porque es menos eficaz mordiendo y, por tanto, causa menos daños en el trabajo; permite «pinzar» a la oveja, sin llegar a morderla.

Los ojos «de tamaño mediano» están en armonía con el resto de la cabeza y son «de forma ligeramente almendrada», de «color castaño» y se desean con «los márgenes de los párpados negros»; las mucosas negras hacen resaltar el color de los ojos, que se desean lo más oscuros posible. La mirada es «vivaz, inteligente e inquisitiva», continuamente en movimiento, observando al dueño y a la espera de cualquier indicación.

Las orejas han de ser «de forma claramente triangular», erguidas sobre la cabeza, sin necesidad de ser cortadas, como, por ejemplo, las del pastor de Beauce. Deben ser «bien redondeadas en la base», pero con los extremos en punta. Están «insertadas altas» y bastante próximas entre sí, lo cual realza la armonía de la cabeza.

Cuello

Es una parte del cuerpo muy importante en el pastor belga, porque pone en evidencia el valor de la cabeza. Deben combinarse armoniosamente la longitud, la musculatura y la elegancia, conservando la nuca un poco arqueada. El cuello ha de ensancharse «gradualmente hacia los hombros», con curvas armoniosas y discretas, ya que, contrariamente a algunas razas como el dogo alemán, el cuello «de cisne» no es deseable. El arco que forma ha de ser moderado, ya que el porte de la cabeza deber ser siempre orgulloso y digno.

Extremidades anteriores

En el estándar se dice que el pastor belga posee una «osamenta compacta en todas sus partes» y una «musculatura enjuta y fuerte», lo que parece bastante normal para un animal tan atlético, que debe unir velocidad y resistencia. Normalmente se aprecian ciertas diferencias entre los perros de exposición y los que trabajan deportivamente: los primeros mostrarán una tendencia más delicada mientras que los segundos tendrán una construcción más sólida.

Como en todo el estándar, se mantiene la referencia a un animal musculoso pero fino, rápido y fuerte pero que evita la potencia que daría pesadez al cuerpo, tanto en la acción como en la estética. Se procura que los omóplatos formen un ángulo ligero con el húmero, sobre todo para los perros destinados a exposiciones, puesto que en los ejemplares de trabajo se observa una tendencia a una mayor rectitud de hombros.

Los brazos han de bajar paralelos al cuerpo y los codos deben estar bien pegados a lo largo del pecho del animal. Los antebrazos «largos y musculosos» reflejan una vez más la imagen global del pastor belga.

Las orejas son triangulares y están insertadas en la parte superior de la cabeza. (Propiedad de Séverine Duchesne)

Los metacarpos son «fuertes y cortos», en consonancia con la osamenta densa y la «musculatura seca y fuerte».

Los pies redondos, «con los dedos curvados y bien apretados», son del tipo «pie de gato», es decir, ni largos ni anchos y muy compactos.

El estándar insiste una vez más en la pigmentación, como demuestran las «uñas oscuras y gruesas».

Tronco

En este punto, el estándar especifica la utilización primera del pastor belga que es el trabajo, con los calificativos «poderoso pero no pesado». El animal ha de ser sólido tanto por su esqueleto como por su musculatura, pero al ser esta última particularmente seca, permite combinar fuerza y agilidad, flexibilidad y rapidez. «La longitud, medida desde la punta del hombro hasta la punta de la nalga es aproximadamente igual a la altura en la cruz». Se habla de una raza cuyo cuerpo está inscrito en el cuadrado, por lo que se trata de «un perro corto», característica difícil de obtener y que repercute en favor de la potencia. Con las hembras, el grado de tolerancia es mayor: la longitud «en la hembra puede ser ligeramente superior» a la altura en la cruz.

El pecho es «poco ancho, pero sin parecer estrecho». El estándar no es demasiado preciso en este punto. El pecho ha de ser el de un atleta, ya que si fuese demasiado imponente obstaculizaría los movimientos, y si fuese demasiado estrecho no podría realizar ejercicio físico. El tórax es «poco ancho, pero en cambio profundo y bajo», permitiendo una buena respiración, tanto en los esfuerzos cortos e intensos como en los de resistencia, que requieren una perfecta aireación. La línea superior está «poderosamente musculada», en proporción con el cuerpo inscrito en el cuadrado, corto

El groenendael posee un pecho de atleta. (Propiedad de Serge Delohen)

y potente. Si por un lado no ha de ser débil, se evitará también el exceso inverso que daría un perro demasiado pesado. En cualquier caso, es evidente que resulta más fácil cruzar ejemplares un poco enjutos que demasiado imponentes.

El vientre ha de terminar armoniosamente la línea marcada por el tórax. En ningún caso ha de mantenerse a su mismo nivel (el pastor belga es un deportista que nunca ha de tener sobrepeso), ni tampoco ser tan retraído como en un lebrel.

La grupa, «ligeramente inclinada, ancha sin exageración» debe ser redondeada para evitar a toda costa un defecto muy corriente: la grupa angulosa que baja en línea recta.

Extremidades posteriores

«Potentes, pero sin ser pesadas», tienen las mismas cualidades que las extremidades anteriores: solidez y una «musculatura seca y fuerte» acompañando una «osamenta densa». Las extremidades posteriores deben moverse «en los mismos planos que las extremidades anteriores», por lo que la línea imaginaria que une la pata delantera derecha y la pata posterior derecha ha de ser paralela a la que une la pata delantera izquierda y la pata posterior izquierda. Las extremidades posteriores deben formar un ángulo recto con el suelo y han de ser perfectamente verticales.

Los muslos y las piernas siguen en la tónica de la raza: musculosas pero no pesadas, «anchas y muy musculosas».

Los metatarsos se prefieren sin espolones. A veces los cachorros nacen con espolones que perjudican la estética del pastor belga. Aunque en un principio no se penaliza un perro que presente un quinto dedo, es mejor amputarlo. Esta operación, si se hace cuando el animal es joven, no deja secuelas físicas y no resulta traumática para él.

Los pies posteriores pueden ser más ovalados que los anteriores, pero conservan las mismas características.

Cola

Es «fuerte en la base y de longitud mediana», es decir, nada especial. Se prefiere una inserción un tanto baja

Idem du Clos du Faubourg pensativo. *(Propiedad de Séverine Duchesne)*

—en la prolongación de la grupa— que demasiado alta. Según el estándar, «en reposo el perro la lleva baja, con la punta ligeramente curvada hacia atrás, a la altura del corvejón; en movimiento, la levanta y acentúa la curvatura de la punta». No ha de formar gancho, ni alzarse por encima de la altura del lomo.

Manto

Lógicamente, el apartado dedicado a la máscara no tiene ninguna importancia para el groenendael, al ser totalmente negro y mate, nunca brillante.

El groenendael es una de las dos variedades de pelo largo. Se diferencia del tervueren por el color. Las otras dos variedades de pastor belga son la de pelo corto, malinois, y la de pelo duro, laekenois.

El pelo y el subpelo protegen al animal de los rigores del clima.

Talla

El estándar es muy preciso en estos criterios. Se prefieren los perros de talla superior a la media que los de talla inferior. El margen de tolerancia es de 4 cm por encima del máximo y de 2 cm por debajo del mínimo. El macho es claramente más corpulento que la hembra, de modo que la hembra de mayores dimensiones alcanza como máximo la talla media del macho.

Deambulación

Originariamente, el pastor belga, como su nombre indica, era un perro de pastor, capaz de recorrer grandes distancias en un día, sin importar las condiciones climáticas ni el terreno. Su modo de andar preferido es el trote, que puede mantener sin esfuerzo («parece infatigable», apunta el estándar). Si bien la ambladura no está penalizada, se prefiere el «trote cruzado»: cuando una extremidad anterior avanza, la extremidad posterior del lado opuesto hace lo mismo. La ambladura que a veces adopta el groenendael en largas distancias, para «distenderse», es un trote menos fluido y menos estético. Algunos ejemplares lo adoptan constantemente y hay que procurar corregirles. En la ambladura, las patas de un mismo lado avanzan simultáneamente en alternancia con las del otro lado.

Imperfecciones

Su gravedad varía según el grado en que se manifiesten y en la mayoría de los casos impiden que el perro logre el título de campeón. No obstante, no por ello dejan de ser unos compañeros excelentes.

El pastor belga ha de ser un perro equilibrado, no peligroso. Por tanto, está plenamente justificado sancionar a un animal agresivo o miedoso. A pesar de que no haya ocasionado nunca ningún problema, no puede asegurarse que en algún momento no llegue a provocarlo.

La pigmentación de la trufa, de los labios y de los párpados es muy importante desde el punto de vista de la belleza. Todo defecto es sancionable, y todavía con mayor motivo si es transmisible genéticamente. En un groenendael, los ojos claros no son estéticos porque el contraste con el manto totalmente negro merman su expresividad.

Los hombros demasiado rectos, las extremidades posteriores débiles, los corvejones rectos y los pies abiertos denotan que el animal no está plenamente capacitado para el trabajo físico.

Asimismo, un porte incorrecto de la cola resta orgullo y nobleza al pastor belga. Pese a que en algunas razas este defecto no se valora demasiado, en el caso del groenendael la diferencia es demasiado acentuada.

La carencia de subpelo indica la falta de protección contra los rigores del invierno. ¿Qué puede hacer un perro así cuando hace frío o el aire es húmedo? ¿Cómo puede llevar a cabo su tarea correctamente? Y en cuanto al color, no depende de la iluminación: el negro siempre debe ser uniforme.

J'gengis Khan de Brunalis.
(Propiedad de los señores Chereau)

Defectos descalificantes

Son defectos mayores que afectan a los criterios ideales del estándar.

En el caso de que el perro en cuestión posea alguno, no podrá participar en ninguna exposición. Por lo que respecta a la dentadura, el prognatismo y el bragnatismo, la falta de tres premolares o la falta de dos molares conllevan la descalificación.

Es obligatorio que las orejas tengan el porte erguido, sin necesidad de ninguna intervención quirúrgica ni uso de tablillas.

La cola no puede ser llevada demasiado alzada, ni debe enrollarse, y ha de estar entera.

Sin embargo, hay que tener en cuenta que se aceptan las colas cortadas a causa de un accidente, siempre que el participante aporte las debidas pruebas.

Las manchas blancas se toleran en el pecho y también en los dedos.

El pelo no debe ser rizado, y no ha de comportar reflejos rojos o grises, aunque a veces se encuentran en el *culotte* del groenendael. Los machos con monorquidia (con un solo testículo) o con criptorquidia (sin testículos visibles) no son aptos para la competición ni para la confirmación.

El animal que sea peligroso por su agresividad o ardor excesivo también será descalificado. El pastor belga ha de ser un perro equilibrado; nunca demasiado nervioso, y por ello, los ejemplares que no lo sean deben ser apartados de la reproducción.

La talla acepta unos márgenes de tolerancia. El animal podrá calificarse siempre y cuando los respete. Las otras medidas deberán tomarse de forma proporcional en función de la talla del perro.

Cruces entre variedades

En principio no están autorizadas las nuevas variedades de pastores belgas, si bien está permitido el cruce entre groenendael y tervueren si los dos ejemplares son de calidad excepcional y pueden aportar buenas cualidades a la descendencia.

Si nacen cachorros de pelo largo negro y de pelo largo leonado, pertenecerán a la categoría groenendael y tervueren respectivamente. De este modo, un ejemplar leonado en una camada de negros no debe ser considerado como una tara.

Carácter
y comportamiento

No es fácil describir con exactitud la personalidad de toda
una raza, y más si se tiene en cuenta que, afortunadamen-
te, cada ejemplar posee su propio carácter, que depende
de la línea genética, del entorno y de la educación que ha
recibido. En consecuencia, las reacciones del groenendael, como las de cualquier otra raza de perro, están determinadas por los reflejos innatos y por los reflejos condicionados (véase el capítulo «La educación», pág. 54).

Las reacciones innatas

En todas las especies animales, cada ejemplar posee un carácter bien preciso, que presenta diferencias y matices según la raza, el patrimonio genético y la experiencia vivida
(siendo este tercer aspecto una combinación de los dos
primeros elementos con el aprendizaje). Por lo tanto, es
imposible definir con precisión el carácter de un perro. Sin
embargo, existen unas directrices en función de los orígenes del cachorro.

El carácter tipo

El pastor belga groenendael posee una gran facilidad de
aprendizaje. Es extraordinariamente vivaz y rápido, tanto
desde el punto de vista mental como físico. En carrera la
velocidad punta es excelente y posee una magnífica acele-
ración. El groenendael analiza muy rápidamente las situaciones y su cuerpo reacciona al instante. De hecho, siempre está dispuesto a entrar en acción. Su temperamento
guía los movimientos, de modo que estos no son más que
el reflejo de su personalidad. Es activo, enérgico, impulsi-
vo y espera cualquier indicación para comenzar a moverse

(que es lo que más le gusta). Quizás habrá alguien que diga que está siempre en movimiento, que no sabe estar quieto, y que incluso resulta exasperante. De todos modos, es una cuestión de educación: si nunca se le enseña a estar calmado, no hay ninguna razón para que lo esté. Debemos saber que si nuestro perro es particularmente fogoso, también es particularmente atento. Posee un sentido para la guarda instintivo, que hará que vigile todo lo que considere que se encuentra bajo su protección.

Al pasear con la familia podremos observar cómo describe círculos cada vez más pequeños alrededor del grupo, llevando a cabo escrupulosamente su función de perro de pastor, ya que agrupa a las personas que están a su cargo para protegerlas mejor. Es muy desconfiado, sobre todo con los extraños, aunque no es miedoso. Será difícil que alguien entre en casa sin nuestro consentimiento. Sin embargo, una vez hechas las presentaciones, los invitados recibirán muestras de afecto, si bien no dejarán de ser vigilados.

En ciertas ocasiones, el groenendael, movido por su energía desbordante, puede resultar un tanto agobiante si no se le pone en su sitio. De todos modos, es un perro que se adapta a cualquier situación. Por ejemplo, se comporta con mucho tacto cuando está con los niños, de quienes percibe la fragilidad. Sin embargo, no puede dejársele solo con ellos. El groenendael percibe la más mínima debilidad de su amo, y saca partido de ella. Le pone a prueba constantemente. Por lo tanto, para merecer un perro tan excepcional, habrá

El groenendael tiene una gran capacidad de aprendizaje. (Campeonato de Francia de agility 1998)

que estar seguro de poder ser un dueño firme (justo pero no violento), que esté siempre presente en su mente, seguro de sí mismo, pero afectuoso.

Al igual que el lobo, el perro no puede vivir en una estructura democrática, sino que necesita una jerarquía. El dueño ha de ser considerado como el jefe de la manada, ya que de lo contrario él intentará convertirse en el jefe, y se creará una situación incómoda y nada beneficiosa para el perro. La autoridad ha de ser todavía más firme en presencia de un cónyuge más débil, porque se correría el riesgo de que el groenendael opte por medirse con «el segundo jefe». Una vez estas reglas sean respetadas, tendremos un perro al que podremos llevar a todas partes, equilibrado, generoso y que nos profesará un amor desmesurado que nada podrá quebrar. Si no es este el caso, y dado el nerviosismo natural del groenendael y su vitalidad, podríamos ver cómo se transforma en un animal destructivo y ladrador.

El groenendael posee un instinto de persecución, gracias al cual puede comportarse esporádicamente como cazador. Y como es voluntarioso, buen rastreador e infatigable, puede ocurrir que se aleje demasiado e incluso se ensucie y enmarañe el pelo. Además, un simple seto no será obstáculo para él. También es muy comilón y a veces un impenitente pendenciero. Pero, ¿qué gracia tiene amar un ser totalmente perfecto?

Jugar a buscar la pelota es un buen pretexto para hacer ejercicio. (Propiedad de Serge Delohen)

Que nadie se acerque, es el coche de mi amo. (Propiedad de los señores Chereau)

Sévérine Duchesne e Idem du Clos du Faubourg: una larga amistad

¿Qué debe de ser esto? (Propiedad de Marie-Paule Erb)

La adquisición de un pastor belga groenendael

En este capítulo partiremos del supuesto de que hemos tomado la decisión de tener por compañero un groenendael. Independientemente de las razones que tengamos, es una decisión que no debe tomarse a la ligera. Un perro no es un objeto, aunque la ley todavía lo considere como tal. El proyecto merece una gran reflexión por nuestra parte, y la aceptación de un compromiso que durará unos quince años. Tendremos en cuenta que el pastor belga tiene una necesidad vital de movimiento, que no es un perro que podamos «olvidar» en un rincón sin ocuparnos de él, ni sacarlo a pasear. También deberemos pensar en los problemas que podría causarnos involuntariamente y en el presupuesto necesario para comida, accesorios y gastos veterinarios. Deberemos prever la posibilidad de que nos acompañe durante las vacaciones, las prohibiciones que todavía encontraremos en muchos lugares, la posibilidad de dejarlo con personas de confianza en caso de necesidad, los posibles problemas con los vecinos que puede crearnos, nos olvidaremos de algunas plantas del jardín...

Si tenemos una solución para cada uno de estos problemas significa que estamos preparados para tener un perro, y sólo nos quedará encontrar el que será nuestro compañero.

Opale des Perles Noires a los dos meses. (Cría, propiedad y fotografía de Cécile Couchet-Peillon)

¿Macho o hembra?

Desde un punto de vista general, el macho es más grande y más pesado, y al tener el pelo más tupido, su aspecto es más imponente. No es necesario controlarlo como a una hembra durante las épocas de celo. En cambio, está sexualmente activo a lo largo de todo el año, por lo que deberá vigilársele muy atentamente, ya que si le atrae una hembra correremos el riesgo de que se fugue. Tiende a ser más dominante que la hembra y a veces quiere medirse con otros machos, con el consiguiente riesgo de pelea. De ahí la necesidad de una educación más estricta, pese a que el groenendael no puede considerarse un perro pendenciero. La educación requerirá un poco más de firmeza debido a su mayor fuerza, aunque sin ser demasiado severos.

La hembra, más pequeña y más ligera, parecerá más armoniosa y graciosa. Generalmente será menos impulsiva, más calmada, y mostrará un mayor apego a la familia. La perra tiene dos periodos de celo al año, durante los cuales deberemos someterla a una estrecha vigilancia. Otra opción para evitar una gestación no deseada será la esterilización. Una ventaja con respecto al macho es que respeta más las plantas frágiles.

Lyxie des Perles Noires *a los dos meses. Todavía no es un atleta, pero casi... (Cría, propiedad y fotografía de Cécile Couchet-Peillon)*

¿Cuál es la mejor edad para comprarlo?

Independientemente de la raza, se suele decir que un cachorro ha de comprarse una vez destetado, es decir, a las siete u ocho semanas. No es necesario insistir en este punto, porque de todas formas no hay nadie que pueda resistirse al encanto de una pequeña bola de pelo de movimientos todavía torpes que veremos crecer y desarrollarse.

A esta edad se acostumbra con más facilidad al nuevo medio y a las personas con las que convivirá. Esto nos permitirá habituarlo a nuestro ritmo de vida y a las reglas que instauraremos en nuestro hogar. De este modo evitaremos sorpresas desagradables. Nunca se conoce a la perfección el pasado de un perro de más edad, y por tanto no se puede prever las respuestas condicionadas por una determinada situación anterior.

Antes de las siete u ocho semanas los cachorros raramente están tatuados y vacunados. Además, no estarían destetados y todavía necesitarían imperiosamente a su madre y a sus hermanos para aprender las reglas del grupo.

¿Dónde comprar el cachorro?

Algunos particulares pueden vender cachorros de buena calidad, si bien es preciso comprobar que nos entreguen todos los documentos necesarios. De todos modos, es mejor acudir a un criador profesional, que conocerá mejor la raza, nos aconsejará y deseará seguir teniendo noticias del animal que nos venda, además de darnos valiosas indicaciones para lograr un buen equilibrio entre amo y perro o entre familia y perro. Gracias a él, estaremos plenamente seguros de que nos entregará un cachorro perfectamente sano, con orígenes conocidos y garantizados, e inscritos en el Libro de Orígenes.

El particular

Existen dos posibilidades: que se trate de un conocido o amigo, o que sea alguien con quien hayamos contactado a través de un anuncio.

En el primer caso es primordial saber si los progenitores son de calidad y puntualizar si el precio incluye las vacunas y el tatuaje. Además, tendremos la ventaja de comprobar la dedicación con la que se atiende a los perros, ver la camada tantas veces como sea necesario y mantener siempre el contacto con los criadores.

Si por el contrario se responde a un anuncio publicado en alguna revista del sector, periódico o tablón de anuncios en general, será más difícil entablar una relación muy estrecha con el criador. Por ello, no hay que tener ningún reparo en preguntar cuanto se desee saber (el origen de los padres, sus galardones en las pruebas de trabajo, el precio de los cachorros, las vacunas que se le han inyectado, el tatuaje) y cerciorarse del buen estado de los padres y de los cachorros.

Además, es preciso pedir el certificado de venta y el de nacimiento.

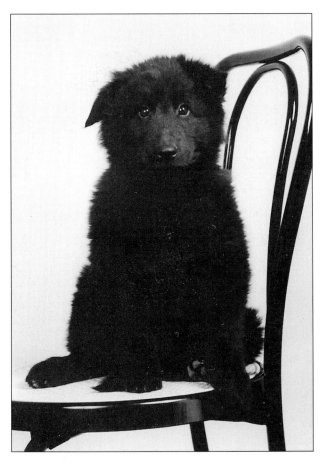

Javotte des Perles Noires (Gylson de la Fureur du Crépuscule × Emma des Perles Noires), *de dos meses, esperando a su amo. (Cría, propiedad y fotografía de Cécile Couchet-Peillon)*

El criador

Es la forma más sencilla y segura de adquirir un groenendael, lo cual no significa que debamos comprarlo en el primer criadero que visitemos, como si el cachorro fuera una barra de pan. Aunque en un principio todos los criadores tienen interés en mejorar la raza, algunos son más profesionales que otros, y pueden estar especializados en ejemplares para exposiciones de belleza o para pruebas de trabajo. Incluso se puede decir que una determinada línea o incluso un cachorro en particular puede ajustarse más a lo que nosotros esperamos.

Para encontrar un buen criador podemos solicitar información a la RSCFRCE o al club de la raza. Estos dos organismos deberían estar en condiciones de facilitarnos la relación de los criadores reconocidos, y en el caso concreto del club de raza podrán facilitarnos indicaciones que nos ayudarán a realizar las gestiones para encontrar el tipo de criadero que más se adapta a nuestras necesidades. Visitando varios criaderos podremos formarnos nuestra propia opinión; observaremos la limpieza del lugar y de los perros en general (no sólo de los cachorros que nos interesan). También estudiaremos las líneas de los cachorros que creamos interesantes.

Sin embargo, estas indicaciones no bastan para elegir un cachorro, ya que sólo nosotros sabemos con exactitud lo que esperamos de un perro. Lo ideal sería asistir a varias exposiciones, entrevistarse con criadores, conocer las diferentes líneas, estudiar los árboles genealógicos y observar muchos ejemplares a fin de establecer comparaciones y decidir cuál es el estilo de perro más adecuado.

Es interesante asistir a concursos donde podamos ver las diferentes pruebas (*ring*, rastreo, *agility*, canicross) y decidir en cuáles participaremos con nuestro futuro perro. De este modo apreciaremos la seguridad y el equilibrio que exhiben ciertas familias en comparación con otras.

En el contexto competitivo es donde mejor se aprecia la relación que se establece entre amo y perro.

Un último consejo, que podría parecer superfluo: nunca nos dejemos llevar por las prisas y no dudemos en hacer preguntas a los expertos.

La elección del cachorro

Es un momento crucial en el que se sella un pacto de complicidad y una amistad que durará toda una vida. Sin embargo, es difícil encontrarse ante una camada de bolitas peludas negras y estar seguro de efectuar la buena elección. El flechazo existe, y en tal caso es inútil resistirse, pero es bastante raro. La elección ha de ser un acto lógico, caso matemático. Por ejemplo, hay que descartar que nos dé lástima porque está separado de sus hermanos y hermanas.

Debemos saber lo que esperamos de nuestro animal: ¿será un perro de compañía o tenemos la intención de presentarlo a concursos de trabajo o de belleza? ¿Será el perro de un solo amo o bien será un perro de una familia con niños y otros animales de compañía? Es fundamental que efectuemos una autocrítica honesta de nuestra situación. Un animal de carácter dominante no será adecuado para una persona poco autoritaria, muy activa o muy sedentaria.

Para formarse una idea de su futuro comportamiento, puede someterse al cachorro al test de Campbell. Aunque cada vez está más cuestionado en el ámbito cinófilo, permite sentar unas bases para evaluar el carácter del perro.

Las orejas ya se aguantan bien rectas: Javotte des Perles Noires. (Cría, propiedad y fotografía de Cécile Couchet-Peillon)

Test de Campbell

CONDICIONES GENERALES

Este test sólo puede realizarse cuando el cachorro tenga de seis a ocho semanas de edad. Se realiza en un lugar que no ofrezca al cachorro posibilidades de distraerse y es individual. Debe efectuarlo una persona a quien los cachorros no conozcan, y que se comportará con total neutralidad, es decir sin alentar ni castigar al animal. Las pruebas tendrán lugar una después de la otra ininterrumpidamente. Si es necesario, limpiaremos el lugar después de que haya participado un cachorro.

Tres atentos cachorros (Balaguer du Parc de l'Haÿ × Cinna du Périgord Vert)

Atracción social. Apenas hayamos entrado en el recinto, nos alejamos del cachorro en la dirección opuesta a la entrada, nos agachamos y damos una palmada para llamarle la atención, sin decir su nombre.

A. Viene rápidamente con la cola alta, nos salta encima y muerde las manos.
B. Viene rápidamente con la cola alta y nos rasca las manos con las patas.
C. Viene rápidamente con la cola baja.
D. Viene indeciso con la cola baja.
E. No viene de ninguna manera.

Facilidad para el seguimiento. Estando cerca del cachorro, nos alejamos de él sin prisas y sin incitarlo a que nos siga.

A. Nos sigue inmediatamente con la cola alta, se pone entre nuestros pies e incluso intenta morderlos.
B. Nos sigue inmediatamente con la cola alta y se pone entre nuestros pies.
C. Nos sigue inmediatamente con la cola baja.
D. Nos sigue indeciso con la cola baja.
E. No nos sigue o se va en otra dirección.

Respuesta a la obligación. Nos arrodillamos, colocamos el cachorro boca arriba y lo aguantamos por el pecho con una mano por espacio de 30 segundos.

A. Se revuelve violentamente, forcejea e incluso muerde.
B. Se revuelve y forcejea.
C. Se revuelve y se calma.
D. No se revuelve y nos lame las manos.

Dominio social. Nos agachamos para acariciar tranquilamente al cachorro, empezando por la cabeza y avanzando hacia el cuello y el lomo.

A. Nos salta encima, nos rasca con las patas, gruñe y muerde.

B. Nos salta encima y nos rasca con las patas.
C. Se gira y nos lame las manos.
D. Se tumba boca arriba y nos lame las manos.
E. Se va y permanece alejado.

Consentimiento en ser levantado. Nos agachamos, sujetamos al cachorro por debajo de la barriga con los dedos entrelazados y lo levantamos a un palmo del suelo por espacio de treinta segundos.

A. Se revuelve violentamente, gruñe y muerde.
B. Se revuelve violentamente.
C. Se revuelve, se calma y nos lame las manos.
D. No se revuelve y nos lame las manos.

RESULTADOS

Tres B o más: el perro posee excelentes aptitudes para el adiestramiento, es brillante y valiente.

Tres C o más: el perro posee buenas aptitudes para el adiestramiento, aunque debe realizarse con calma.

Dos D o más, con una E o más: el perro es sumiso y requiere un adiestramiento suave y paciente.

Dos D o más, con una E: el perro es demasiado sumiso y no conviene adquirirlo.

Dos A o más, con una B o más: el perro es demasiado agresivo, por lo que sólo deberá dejarse en manos de un adiestrador competente.

Mezcla de A y de E: conviene repetir el test en otro lugar. En caso de obtener los mismos resultados, se trata de un perro imprevisible.

Es evidente que este test no puede realizarse en cualquier sitio y en cualquier circunstancia. Debe tenerse en cuenta que el estudio del comportamiento no es una ciencia exacta. Por otro lado, no se ha elaborado un test para valorar las capacidades de los dueños de perros.

Nadie puede describir con total seguridad el carácter actual y futuro de un cachorro basándose en unos ejerci-

Oneiros des Perles Noires *a los dos meses. (Cría, propiedad y fotografía de Cécile pCouchet-Peillon)*

El cachorro se ha hecho adulto.
(Propiedad de Séverine Duchesne)

cios. Sin embargo, este test proporciona unas ideas orientativas que permiten suponer con ciertas garantías los rasgos importantes de un carácter.

También deberemos tomar en consideración la opinión del criador, cuya experiencia le permitirá intuir el carácter de cada uno de los cachorros y que no tendrá ningún interés en endosarnos uno que no se adapte a nuestras exigencias. A continuación todo será cuestión de observación y de sentido común. Una vez los cachorros se hayan acostumbrado a nuestra presencia y dejen de prestarnos atención, resulta bastante fácil observar cuál de ellos es el dominante, el más juguetón, el más pusilánime, el más independiente y el más miedoso.

Una última aclaración: si deseamos tocar, acariciar o coger un cachorro (con la idea de crear un vínculo, para observar algún aspecto referente a su salud), deberemos comunicarlo al criador, porque seguramente no nos permitirá hacerlo si los cachorros todavía no están vacunados.

LOE y pedigrí

Todo perro de raza debe poseer un pedigrí. Por ello, no conviene fiarse de las ofertas que establecen diferentes precios según se desee un cachorro con documentación o sin ella.

Los cachorros deben registrarse 20 días después de su nacimiento. La inscripción en el LOE se realiza antes de que hayan transcurrido tres meses.

El justificante de inscripción debe entregarse en el momento en el que el criador lo reciba de la sociedad central, lo cual suele ocurrir unos seis meses después del nacimiento. Si fuera necesario, el criador entregará en el momento de la compra una declaración escrita que atestigüe que el perro ha sido inscrito en el Libro de Orígenes, y que enviará la documentación al propietario apenas la haya recibido. Conviene precisar que un cachorro de pocos meses no puede ser vendido ya con el pedigrí. Se habrá suscrito con las formalidades necesarias en la RSCFRCE, pero el documento no llegará materialmente hasta pasados unos meses.

En el caso de que el perro haya sido adquirido antes del tercer mes de edad, el pedigrí podrá entregarse directamente al nuevo propietario para que lo retire efectuando el pago de los derechos correspondientes. En caso contrario, el documento se enviará al criador. De todos modos, es aconsejable contactar de vez en cuando con la persona que nos ha vendido el cachorro, no sólo para preguntar por el certificado de pedigrí, sino también para intercambiar opiniones sobre el crecimiento del ejemplar que se le ha comprado.

Una vez recibamos el pedigrí, debemos leerlo con mucha atención, pues en él figuran todos los datos relativos a nuestro perro que nos serán de utilidad en el futuro para exposiciones, concursos, posibles cruces, etcétera.

La importancia de los justificantes

Es posible que tengamos suerte y compremos un cachorro a una persona honesta y responsable, pero, por desgracia, no son raros los casos en los que no es así. Teniendo en cuenta que no es posible obtener el pedigrí en el mismo momento que el cachorro, conviene exigir un comprobante en donde figure su nombre y el afijo, se declare que está inscrito en un árbol genealógico oficial y consten la fecha de nacimiento, el nombre de los padres y, a ser posible, sus códigos identificativos. No estará de más solicitar una fotocopia del pedigrí de los padres, que deberá adjuntarse con la declaración firmada. Por otra parte, la persona a la que compremos el cachorro deberá darnos todas las facilidades para contactar con ella en caso de que surgiese alguna duda o contratiempo. Si la edad, el color, la genealogía o algún otro dato resultan no ser ciertos, o si el pedigrí no llega, podremos emprender acciones legales con la certeza de que ganaremos el pleito fácilmente.

El tatuaje

El número de tatuaje puede acompañarse de las siglas de un distintivo territorial o personalizado. La primera cifra indica el año de nacimiento, a continuación figura la sigla y, finalmente, el número de orden que permite distinguir un perro de otro. En la mayor parte de los tatuajes se incluyen las siglas de la provincia de nacimiento. Sin embargo, los criadores titulares de afijo pueden registrar una sigla identificativa propia que les será asignada previa solicitud.

Antepasados campeones

El pedigrí incluye los nombres de cuatro generaciones de antepasados con los respectivos títulos oficiales. En los países en los que el sistema está informatizado, si un perro logra el título de campeón, todos sus descendientes pasan automáticamente a tenerlo en su pedigrí.

Campeones de belleza y reproductores

La titulación máxima que puede obtenerse es la de campeón de belleza, reproductor y de trabajo, algo que en muy pocas ocasiones se ha conseguido (de hecho, ya es difícil conseguir dos de ellos). El primer título certifica la belleza del ejemplar; el segundo, la de sus hijos. La belleza de un ejemplar no se transmite necesariamente a sus descendientes, y es bastante frecuente que un perro de apariencia mediocre tenga unos hijos espléndidos. Con todo, es difícil que dos campeones reproductores tengan un hijo poco agraciado.

La educación

El perro que hemos elegido pronto se convertirá en un miembro más de la familia. Por tanto, es indispensable que por su bien y por el de todos se comporte correctamente y encuentre el lugar que le corresponde en la casa. El perro es un animal social al que no le pesa acatar una serie de normas, sino al contrario. El perro desea constantemente dar satisfacción a su amo y a su familia. Además, tiene necesidad de ser secundado en sus acciones para sentirse seguro.

Todas las enseñanzas que el perro es capaz de asimilar se realizan en el ámbito del reflejo adquirido (órdenes, prohibiciones, lugar donde debe dormir, etc.). Naturalmente estas instrucciones se llevan a cabo en función del carácter y de la inteligencia del perro.

El groenendael es un perro con buena capacidad de aprendizaje y relativamente fácil de adiestrar si el método es progresivo. Se requiere paciencia y calma, pero a la vez firmeza. En estas condiciones, el perro se mostrará dócil y atento.

El pastor belga groenendael es muy receptivo al aprendizaje basado en el estímulo y la recompensa. Todos los ejercicios deben ser asimilados de esta forma, y el propietario ha de descubrir la más adecuada para su compañero: pelota, caricias, motivador, golosina (que se evitará si es posible, y, si no, se empleará en cantidades ínfimas y descartando los dulces).

Un perro no se educa a base de castigos cuando se equivoca, sino animándolo cada vez que hace las cosas bien. El groenendael tiene que disfrutar trabajando, lo que no significa que deba tratársele con indolencia, puesto que las prohibiciones y las negativas han de pronunciarse enérgicamente.

Para que adquiera rápidamente buenas costumbres desde un principio, la educación del pastor belga se inicia a partir del preciso momento en que abandona el lugar que le ha visto nacer y pasa a ser de nuestra propiedad.

De este modo, no caeremos en el error de manifestar nuestra autoridad sólo cuando aparezcan los problemas, ya que el perro no podría entenderlo. En efecto, si a un cachorro le autorizamos algo, es inútil o cuanto menos difícil pretender prohibírselo más tarde.

El reflejo condicionado pavloviano

Pavlov era un psicólogo ruso que vivió a caballo entre los siglos XIX y XX. Recibió el premio Nobel en 1904 por sus trabajos sobre las glándulas digestivas. También estudió la actividad nerviosa superior y los reflejos condicionados (que es lo que nos interesa).

Para demostrar sus teorías sobre los reflejos condicionados, realizó un experimento muy sencillo consistente en hacer sonar una campanilla cada vez que daba de comer a su perro, el cual empezaba a salivar abundantemente cada vez que la oía, incluso cuando ya no se le daba de comer.

Liebsti des Perles Noires escuchando atentamente a su dueño. (Cría, propiedad y fotografía de Cécile Couchet-Peillon)

El transporte en automóvil

¡Por fin ha llegado el día de ir a buscar el cachorro que tanto hemos deseado! Y nos encontramos ante la primera dificultad: el transporte hasta nuestro domicilio, que quizá se encuentre a muchos kilómetros de distancia. La mejor solución es ir acompañado de otra persona. El cachorro se instalará en el lugar que deberá ocupar de ahora en adelante y tendrá alguien al lado que le tranquilizará durante el viaje. Es fundamental que el cachorro no vaya delante (porque tampoco irá cuando sea adulto), por motivos obvios.

Las reglas que primero debe aprender el perro son las que atañen a los riesgos inútiles. En caso de que viajemos solos, llevaremos una jaula de viaje, que utilizaremos aunque el pequeño se lamente. Es preferible que el animal llore a que nos lo encontremos debajo de los pedales. Naturalmente, instalaremos el cachorro confortablemente, sobre una manta.

La llegada a casa

Antes de ir a buscar el cachorro habremos hecho todos los preparativos necesarios. Apartaremos todos los objetos susceptibles de ser rotos o que puedan causar daño al cachorro (zapatos, juguetes, bolsas, biberones en mesitas bajas, enchufes, etc.). Hay que tener cuidado también con las cortinas, las alfombras y algunas plantas cuya ingestión pueda ser causa de intoxicación.

Lo primero que haremos al llegar es dejar que el cachorro haga sus necesidades en un lugar permitido (como, por ejemplo, el jardín).

Lo más frecuente y normal es que haya orinado durante el viaje o que se espere hasta que se encuentre a solas en un lugar tranquilo y con una buena moqueta. En cualquier caso impregnaremos una hoja de papel de periódico con su orina y la colocaremos en el lugar en donde pretendemos que orine la próxima vez.

Cuando hayamos llegado, haremos que entre en casa. Su curiosidad innata le inducirá a explorar el territorio, y nosotros le seguiremos a distancia, cerrando las puertas de aquellas habitaciones en las que no pueda entrar.

Esta primera toma de contacto con su nuevo hogar debe efectuarse con completa tranquilidad. No le daremos comida inmediatamente —porque de todos modos

Oural des Perles Noires a los dos meses. (Cría, propiedad y fotografía de Cécile Couchet-Peillon)

difícilmente tendrá hambre— y en caso de haber niños, les explicaremos que no deben abalanzarse sobre el animalito. Si viven otros animales en casa, tendremos la precaución de no dar privilegios al recién llegado, porque podría despertar los celos de los antiguos del lugar. Si acariciamos al cachorro deberemos prodigar las mismas atenciones a los otros animales. Además, como es evidente, la llegada del cachorro no nos hará descuidar a nuestros hijos o nuestra pareja.

Cuando el pequeño groenendael haya reconocido la casa y se sienta un poco más confiado, podemos ofrecerle el bebedero, mostrarle su cama y si las circunstancias lo requieren, una bandeja con arena absorbente en donde habremos colocado el papel de periódico anteriormente citado. Desde la primera noche lo encerraremos en la estancia que le habremos asignado para dormir y en donde le habremos colocado la cesta o la cama. Las primeras noches pueden ser duras para él y para nosotros, porque es probable que el cachorro se lamente, pero es indispensable dejarle solo. Para tranquilizarle hay una serie de trucos, como por ejemplo colocar una botella de agua caliente debajo de la manta, que le recordará el calor de la madre, sobre todo si la manta en cuestión ha sido impregnada previamente con el olor de la familia del cachorro y de la cama del criadero. También podemos disimular un despertador que le recuerde vagamente los latidos del corazón de otro perro, a fin de reproducir la sensación que tenía al dormir con el resto de la camada. ¡Sin embargo, no olvidemos desactivar la alarma!

La limpieza

El aprendizaje de las normas de limpieza es la primera preocupación de todo propietario, y si no lo es, el problema no tarda en manifestarse después de unas cuantas operaciones de limpieza forzada. La cuestión no debe preocuparnos en exceso, porque el cachorro aprende rápidamente este tipo de nociones. En realidad, la madre ya le ha enseñado las normas de limpieza, aunque casi con toda seguridad no encajan con el concepto de higiene que nosotros tenemos. El cachorro ya sabe que debe respetar el lugar en donde duerme (como la mayor parte de los mamíferos). Por lo tanto, sólo deberemos enseñarle que hay otros lugares que debe respetar.

En primer lugar, tenemos que observar las posturas y los hábitos del animal. Normalmente el cachorro hace sus necesidades después de comer, acabada la siesta, o después de jugar o hacer ejercicio. Se trata, pues, de anticiparse acompañando el cachorro al lugar deseado, llevándolo en brazos si hiciese falta. Dirigiéndole a la puerta cada vez, el perro adquirirá el hábito de ir por su cuenta si la necesidad le apremia. No dudemos en felicitarle (aunque de forma mesurada) cuando actúe correctamente, ya que de este modo sabrá que actúa bien.

En cuanto al problema de las horas nocturnas, la única medida es sacarle a pasear justo antes de la hora de dormir y evitar que beba demasiado antes de acostarse. Si cometiese algún desliz durante la noche, no tardará en aprender a aguantarse hasta que lo saquemos por la mañana, hábitos que podemos estimular felicitándole efusivamente cuando se ha retenido toda la noche y nos está esperando para salir.

Esta técnica, si es que se puede definir como tal, también dará buenos resultados cuando tengamos que ausentarnos.

Quedarse solo

Es muy raro que un perro esté permanentemente en compañía de un miembro de la familia, y aunque esto fuera posible, es preciso enseñarle a estar solo.

Las condiciones ideales se dan cuando se ha comprado el cachorro al inicio de las vacaciones. De este modo, todos los días nos despediremos del perro con una caricia y simularemos que nos vamos: nos pondremos la chaqueta, cogeremos la cartera, cerraremos la puerta con llave, etc. Podemos incluso ir un poco más lejos arrancando el coche y dando una pequeña vuelta. Alargaremos progresivamente las ausencias, pasando de unos minutos a unas horas. No olvidemos hacer caso al cachorro cada vez que regresemos. De este modo se dará cuenta de que cada vez que se quede acabará por obtener caricias y un trato placentero, lo cual le ayudará a aceptar la soledad.

Jolie Roxane des Perles Noires a las seis semanas. Conviene aprender pronto a estar solo. (Cría, propiedad y fotografía de Cécile Couchet-Peillon)

La administración de la comida

La mayoría de educadores caninos consideran que el perro, al ser inferior con respecto a sus dueños, ha de comer después de ellos para respetar la jerarquía establecida según el principio de que los lobos dominantes comen primero y las mejores partes. Esto de nada sirve si no se le prohíbe mendigar en la mesa cuando la familia está comiendo. Puede haber casos excepcionales en los que sea más conveniente o más práctico dar de comer al perro antes de que coman las personas, por ejemplo cuando hay invitados y la cena puede prolongarse. Luego se le ordenará que se quede en su cojín (tal como se explica en el siguiente apartado).

Es muy importante que el perro nos deje tocar su comedero siempre que lo creamos necesario sin manifestar desaprobación. Para lograrlo tocaremos o cogeremos el comedero de vez en cuando, y si el animal gruñe le daremos un pequeño toque con un periódico enrollado. El objetivo de este comportamiento no es molestar continuamente al perro o divertirse con sus reacciones. A partir del momento que el perro lo acepte, tan sólo deberemos comprobar de vez en cuando que no ha cambiado su manera de comportarse.

Cuando el perro acabe de comer, retiraremos el comedero inmediatamente. No sirve de nada dejar comida a su disposición. Por motivos prácticos el groenendael debe aprender a comer en el momento que su amo decida. En un principio es preferible darle la comida en dos tomas diarias, ya que de este modo podrá disfrutar de dos momentos agradables durante el día, evitará los atracones y tendrá mejores digestiones.

Estar en su sitio

Este aprendizaje será útil en diferentes circunstancias. Servirá, por ejemplo, para que los invitados puedan pasar a la mesa sin ser acosados inmediatamente por nuestro perro (que en un primer momento puede intimidarlos). Una vez se sientan cómodos, podemos permitir que entre en la sala y los salude. También nos permitirá calmar al groenendael cuando exija más caricias y mimos de los habituales, o impedirle mendigar mientras tomamos el aperitivo o cenamos.

Una vez hayamos decidido el lugar propicio (que no tiene que ser obligatoriamente el mismo donde duerme), colocaremos el perro al tiempo que le decimos «a tu sitio», y lo aguantaremos unos instantes. Cuando lo soltemos, le podemos decir, por ejemplo, «ven», seguido de algunas caricias y hablándole con un tono que muestre satisfacción por nuestra parte. Practicaremos este ejercicio desde su llegada a casa, hasta que la orden «a tu sitio» baste para que el animal se instale en el lugar convenido sin necesidad de nuestra ayuda física. No tardaremos en darnos cuenta de que el perro entiende lo que esperamos de él.

Aceptar el collar y después la correa

Hacer que un cachorro que no está acostumbrado acepte el collar puede parecer difícil, a juzgar por la forma en que se revuelve, intenta quitárselo con la pata y se revuelca por el suelo. En efecto, al principio el collar deberá ponerse durante muy poco rato. El truco consiste en desviar la atención del perro hacia otra cosa, por lo que es un buen pretexto para jugar con él. Una vez el cachorro se haya habituado a llevar el collar sin problemas, sólo se lo pondremos cuando sea necesario, ya que es una lástima ver un buen ejemplar con el pelo del cuello estropeado. Mientras el perro no haya llegado a la talla normal utilizaremos un collar barato, y luego le compraremos uno de cuero o de nailon. Están terminantemente prohibidos los collares estranguladores y otros instrumentos punitivos, ya que no es necesario recurrir a estas artimañas para hacerse cargo de un perro bien educado.

La adaptación a la correa no presenta mayores dificultades. Cuando el perro esté acostumbrado al collar, bastará con atarle una cuerda larga, que iremos a acortando progresivamente para que entienda que no está totalmente libre. Poco a poco la correa se convertirá en un vínculo privilegiado entre el perro y nosotros; esto le tranquilizará porque notará que está en contacto con su dueño y permitirá mantener una mejor relación con las personas con las que se cruce. No olvidemos que la legislación actual estipula el uso obligatorio de la correa.

Una vez acostumbrado al collar, el cachorro se acostumbrará a la correa. Jade des Perles Noires. (Cría, propiedad y fotografía de Cécile Couchet-Peillon)

La correa se convertirá en un objeto agradable porque el perro la relacionará con el paseo. Bajo ningún concepto puede utilizarse para reconvenirle un mal comportamiento y mucho menos para castigarlo.

La conducción

Es la continuación lógica de la adaptación a la correa. Un perro que camina al lado de su dueño, con o sin correa, es un perro que no creará problemas porque está bien educado y su amo lo controla. Por norma se le enseñará a caminar a la izquierda del amo por motivos prácticos: la mayoría de personas son diestras y ello les permite tener libre la mano «hábil». También es más seguro en caso de andar por una carretera (ya que debemos hacerlo por la izquierda, de cara al tránsito, de manera que el perro quede en el lado de la cuneta).

Cuando le demos la orden «junto», reduciremos la longitud de la correa para que el perro quede con el hombro a la altura de la rodilla. Poco a poco no necesitaremos tensar la correa para que el perro se mantenga a la altura correcta porque aprenderá a adaptar su marcha a la nuestra. Procuraremos no alargar excesivamente las sesiones, y felicitaremos al perro cada vez que sea necesario.

Hay que enseñar al perro a caminar a la izquierda de su amo. (Propiedad de Maggy Magne; fotografía de Serge Sanches)

Sentado

Esta orden se puede aprender cuando el perro ya acepta el collar y la correa. Pronunciaremos la orden «sentado», y simultáneamente presionaremos firmemente en la grupa, sosteniendo la cabeza alta con la ayuda de la correa. Una vez haya adoptado la posición, no olvidaremos felicitarle efusivamente. Entonces sólo nos quedará repetir el ejercicio hasta que lo haya asimilado perfectamente. El mismo resultado se puede obtener engatusando el cachorro con una golosina cuando está de pie. La colocaremos delante del morro y, lentamente, subiremos la mano tirándola un poco hacia atrás. En casi todos los casos el perro se sentará sin darse cuenta, y nosotros lo único que deberemos hacer es pronunciar la orden «sentado» mientras está realizando la acción.

Tumbado

Este ejercicio debe ser aprendido después de que haya aprendido perfectamente a obedecer la orden «sentado». Mientras pronunciamos la orden «tierra», le sujetamos las patas delanteras con una mano y las estiramos hacia delante, y al mismo tiempo apoyamos la otra mano en los hombros. Otra forma consiste en hacer que el perro se eche tirando de la correa. En ambos casos conviene obligar al perro a mantener la posición durante unos instantes antes de ordenarle que se levante. Gradualmente aumentaremos el tiempo de permanencia en esta posición, hasta que el animal sea capaz de aguantar la posición todo el tiempo que nosotros deseemos, incluso desapareciendo de su campo visual (el tiempo necesario para entregar un paquete en casa de alguien que por el motivo que fuere no permite la entrada de perros).

Al empezar el ejercicio es posible que el perro se revuelque sobre el lomo en signo de oposición o por incitación al juego. En tal caso le colocaremos nuevamente en posición, e insistiremos en que la mantenga.

La llamada

La llamada es sin duda alguna una de las órdenes fundamentales que el perro debe conocer. Será útil en numerosas ocasiones, por ejemplo cuando el perro se escape persiguiendo una presa en el bosque, y nos puede servir incluso para salvarle la vida: imaginemos lo que podría ocurrir si el perro estuviera persiguiendo a una liebre, esta atravesara la calzada en el momento en que pasara un automóvil y nosotros no hubiéramos enseñado a nuestro compañero a obedecer a la llamada.

Para enseñarle a acudir a la llamada le daremos la orden «junto» cuando el perro se esté dirigiendo hacia nosotros, por ejemplo cuando nos dispongamos a servirle la comida. Por tanto, podemos utilizar un trocito de comida apetitosa (aunque sin abusar para que no se convierta en un animal obeso). También podemos escondernos unos instantes mientras estemos paseando. La primera reacción del perro cuando se dé cuenta de ello será buscarnos y, cuando nos dejemos ver, aprovecharemos para dar la orden «junto». Con el tiempo podremos llamar al perro sin necesidad de ofrecerle un bocado ni de escondernos. Procuraremos que el perro no crea que nuestra intención es jugar con él, y se ponga a correr cuando nos acerquemos a él. De nada sirve correr detrás del animal, puesto que no

Janook du Périgord Vert.
(Propiedad de Serge Delohen)

haríamos más que reforzar la idea del juego, y además es francamente difícil que podamos atraparlo corriendo. En este caso la reacción correcta consiste en alejarse en la dirección opuesta. Cuando el perro se percate de ello acudirá hacia nosotros.

Hay un pequeño truco para iniciar el aprendizaje, aplicable a distancias cortas. Simplemente se trata de atarle una cuerda de nailon al collar. Si al dar la orden el perro no obedece, tiraremos de ella.

Ladrar y dejar de ladrar

Ordenar al perro que ladre puede tener una utilidad disuasoria para alejar a alguien que nos inspire desconfianza, pero acto seguido debemos estar en condiciones de hacerle callar. El principio es muy simple: daremos la orden de ladrar al perro cada vez que lo haga espontáneamente. Cuando deje de hacerlo le ordenaremos que se calle, con voz tranquila pero firme.

No hay que gritar ni ponerse nervioso, porque esto no haría más que excitarle todavía más. No olvidemos que todo ejercicio que realice correctamente o que suponga una mejora debe ir acompañado de unas palabras de ánimo y unas caricias.

La alimentación

La alimentación es un factor fundamental que influye directamente en la calidad de vida y la longevidad del perro. Los propietarios de animales de compañía tienen que abandonar las antiguas costumbres de dar de comer al perro los restos de la mesa. Esta era la fórmula que se aplicaba en otras épocas, en las que el hombre subsistía gracias a los productos de la caza. El perro estaba obligado a contentarse con los huesos, a los que quedaban adheridos algunos trozos de carne. Sin embargo, las condiciones de vida han cambiado mucho desde entonces, tanto para los hombres como para los perros.

El perro sigue siendo un carnívoro y, aunque no se alimenta exclusivamente de carne como el gato, no puede seguir una dieta estrictamente omnívora. Por ello, necesita una alimentación específica.

El organismo del perro no obtiene la energía de los glúcidos, como en el caso del hombre, sino de los lípidos. Además, necesita una alimentación constante, invariable, porque su aparato digestivo requiere un cierto tiempo para producir los jugos digestivos que precisa su alimentación. En consecuencia, toda desviación de la dieta le supondrá un trastorno.

Por otro lado, habida cuenta del poco riesgo de torsión de estómago que corre el pastor belga, es posible darle la ración diaria en una sola toma, aunque siempre que sea posible es preferible dividirla en dos comidas.

Conviene tener la precaución de que el perro no realice ninguna actividad después de comer, y de retirarle el comedero cuando deje de mostrar interés por la comida. De este modo evitaremos el desarrollo de microorga-

Un perro siempre debe tener agua fresca a su disposición para saciar la sed. (Propiedad de los señores Chereau)

Foesby de Nabissimo *saltando vallas; un atleta perfecto. (Propiedad de los señores Chereau)*

Forban de la Bourbancay *superando el saltímetro en una prueba de ring. (Propiedad de Jacques Saad)*

Un perro atento y concentrado: I'be de Nabissimo. (Propiedad de los señores Chereau)

nismos con los consiguientes riesgos para la salud. El agua, por el contrario, debe estar siempre disponible, y deberá ser cambiada a menudo para que esté limpia. Del mismo modo que nosotros utilizamos platos limpios para comer, el comedero del perro ha de ser lavado con lavavajillas y correctamente enjuagado. Las comidas, en la medida de lo posible, deben realizarse siempre a las mismas horas, para no estresarlo ni obligarlo a mendigar en la mesa.

El aparato digestivo del perro

El alimento ingerido por un animal es indispensable para el funcionamiento de las células del organismo. Pero las células no pueden utilizar los alimentos tal cual, sin experimentar previamente las transformaciones que aporta la digestión. Esta última consiste en unos procesos mecánicos y químicos que reducen las grandes moléculas que constituyen los alimentos en moléculas minúsculas que pueden ser utilizadas por las células.

La boca

El perro tiene cuarenta y dos dientes, y su observación nos permitirá confirmar que nos encontramos en presencia de un carnívoro. Los dientes están hechos para arrancar la carne y triturar literalmente los huesos, y en ningún caso para masticar igual que el hombre. El perro engulle el alimento en trozos grandes. Las glándulas salivares no tienen tiempo para atacarlo y en realidad participan muy poco en el proceso de la digestión; se limitan simplemente a humedecer y lubrificar el alimento para que transite más fácilmente.

La faringe

Su función no es únicamente participar en la deglución de los alimentos, ya que es el punto en donde se cruza el conducto digestivo con las vías respiratorias.

El esófago

Es un conducto formado de fibras musculares estriadas en su parte superior, que poco a poco dejan lugar a fibras musculares lisas. Está recubierto de glándulas que secretan una mucosidad que facilita el paso del alimento. Gracias a una serie de contracciones de las fibras circulares y longitudinales de la pared del esófago (movimientos peristálticos), la comida llega al estómago. Cuando el animal ingiere un líquido, el diafragma se abre por medio de la contracción de un orificio muscular, tensa el tubo y permite que el líquido pase directamente hasta el estómago. Los cánidos poseen un estómago de mucha capacidad, y esto explica que puedan vomitar con frecuencia.

El estómago

El estómago del perro tiene una capacidad aproximada de cinco litros. Es un saco muscular cuyas paredes remueven el alimento mediante numerosas y poderosas contracciones, que sirven para garantizar su paso al intestino. En su interior los alimentos experimentan una transformación debido a la acción de los jugos secretados por las glándulas gástricas.

El alimento permanece unas diez horas en el estómago del perro. (Cría, propiedad y fotografía de Cécile Couchet-Peillon)

Por un lado el ácido clorhídrico desnatura las proteínas y, por otro, la pepsina, la enzima más importante del jugo gástrico, se encarga de la degradación parcial de las proteínas en péptidos más simples. La comida permanece unas diez horas en el estómago del perro, antes de pasar al intestino.

El intestino delgado

Mide aproximadamente cuatro metros y en él finaliza el proceso de trituración de los alimentos gracias a la combinación de la acción mecánica y química (el hígado aporta bilis y el páncreas el jugo pancreático; sus componentes enzimáticos le permiten degradar todos los tipos de alimento: proteínas, glúcidos y lípidos).

Intestino grueso o colon

Mide un metro aproximadamente. Contiene una importante microflora que degrada una parte de los residuos, produciendo gases que serán evacuados y ácidos que serán absorbidos y servirán para sintetizar los glúcidos. El colon termina en el recto, en donde se deposita la materia fecal compuesta principalmente por fibras y residuos coloreados por la bilis.

La absorción de los alimentos digeridos

En esta fase los alimentos se han convertido en sustancias nutritivas que ya están en condiciones de ser absorbidas. La masa alimenticia recibe el nombre de *quimo*, que está formado por agua, sales minerales y aminoácidos. La pared intestinal está compuesta por numerosos repliegues circulares recubiertos por millones de pequeñas vellosidades que forman la superficie absorbente. Las moléculas pasan a la sangre a través de las paredes intestinales, que están muy vascularizadas.

Una vez en la sangre, el aparato circulatorio se encarga de distribuirlas por todo el organismo. Una gran parte de la absorción tiene lugar en el duodeno (un tramo del intestino delgado), pero el intestino grueso también tiene una función importante: absorber una gran cantidad de agua que permite a los residuos de la digestión perder fluidez antes de llegar al recto.

Las necesidades alimentarias del perro dependen lógicamente de la actividad que lleve a cabo

Las necesidades alimentarias

El valor energético de los alimentos se mide en calorías, aunque normalmente se toma como unidad la kilocaloría (mil calorías) para evitar así el cálculo de cantidades demasiado grandes. Para saber la necesidad energética de un perro en reposo se eleva su masa a la potencia 0,75 y se multiplica el resultado por 132. De este modo, siendo m la masa en kilos, tendremos: $m^{0,75} \times 132$. Por lo tanto, para un groenendael de 30 kg la fórmula será la siguiente: $30^{0,75} \times 132 = 1.695$ kcal.

Naturalmente estos valores son teóricos y deben adaptarse a cada perro. En las etapas de crecimiento, gestación, esfuerzos intensos, etc., las raciones han de ser lógicamente mayores. Y, por el contrario, si el perro tiende al sobrepeso, se le reducirá el valor calórico de su alimentación. Conviene saber que un kilo de prótidos aporta 5,2 kcal, uno de lípidos, 9,5 kcal y otro de glúcidos aporta 4,2 kcal.

Los prótidos y las proteínas

Contrariamente a lo que se puede leer en algunos libros, los prótidos y las proteínas no son exactamente lo mismo.

Los prótidos son elementos fundamentales de los organismos vivos, lo que significa que todos los alimentos los contienen en mayor o menor cantidad. Normalmente los más ricos son los que contienen pocos glúcidos y lípidos. Los prótidos están constituidos por carbón, hidrógeno, nitrógeno y oxígeno. Pueden contener también otros elementos, como azufre, fósforo, etc. Las moléculas proteicas más simples son los aminoácidos, que se unen formando polímeros denominados *péptidos*, que a su vez reciben el nombre de *polipéptidos* si el número de aminoácidos es superior a diez. En caso contrario, se los denomina *oligopéptidos*.

Una alimentación sana es esencial para un perro equilibrado; obsérvese el brillo del pelo. (Propiedad de Séverine Duchesne)

Se habla de proteínas cuando el número de aminoácidos es muy elevado: más de 50, 100 o 200 aminoácidos, según las diferentes teorías. Las proteínas son las moléculas proteicas más numerosas. Su número es casi infinito debido a la gran variedad de combinaciones que pueden realizar con los veinte aminoácidos presentes en la matriz viva.

Los perros asimilan mejor las proteínas de origen animal que las de origen vegetal.

Las proteínas son indispensables porque aportan al organismo del perro los aminoácidos que él solo no puede sintetizar. Por ello, han de constituir un aporte alimentario constante.

La fragmentación de las proteínas produce los siguientes aminoácidos: histidina y triptófano, que sirven para la formación de hemoglobina; fenilalamina, que ayuda a producir hormonas como la adrenalina o la tiroxina (hormona tiroidea); y metionina y cisteína, indispensables para la construcción del pelo, los dientes y las uñas.

Las proteínas son indispensables para la construcción y renovación de las células del organismo. El exceso de proteínas, que no puede ser almacenado, se elimina con la orina; una parte también puede ser utilizada como fuente de energía.

Los lípidos

Se los conoce como materias grasas o simplemente grasas porque se encuentran casi exclusivamente en las sustancias de reserva (manteca, semillas, huevos, mantequilla, aceite, etc.). Un lípido es un esteroide, es decir un cuerpo químico constituido por la combinación de ácido y de alcohol. Los ácidos incluidos en la composición de los lípidos son ácidos grasos, formados por cadenas de carbono, hidrógeno y, en menor cantidad, oxígeno.

Los ácidos grasos comprenden dos categorías:

— el ácido graso no saturado posee un doble enlace en la cadena hidrógeno-carbono; se encuentra en las grasas de origen vegetal;
— el ácido graso saturado no posee el doble enlace y se encuentra en las grasas de origen animal.

El alcohol más frecuente en los lípidos es el glicerol, ya que los lípidos más corrientes son los glicéridos. Mediante hidrólisis, algunos lípidos proporcionan otras moléculas (además del alcohol y los ácidos grasos), como el nitrógeno, el hidrato de carbono o el ácido fosfórico.

Estos lípidos se denominan complejos y sirven, por ejemplo, para la construcción del tejido cerebral; se encuentran en el cerebro, en la yema de huevo, etc. Los lípidos aportan mucha energía al perro y son muy necesarios para los que realizan esfuerzos importantes y constantes o los que viven en climas fríos. La grasa no utilizada se almacena en el organismo, sin sufrir transformaciones importantes o manteniendo su forma inicial.

Los carbohidratos

Los carbohidratos son lo que corrientemente llamamos *azúcares*, y se dividen en rápidos (que son los azúcares propiamente dichos) y lentos.

Los *azúcares lentos* están constituidos por moléculas no solubles con agua compuestas por carbono, hidrógeno y oxígeno. Una vez asimilados, liberan la energía durante más tiempo y de forma no inmediata, mientras que los *azúcares rápidos* tienen un efecto más instantáneo y una duración menor. Los carbohidratos se encuentran en los órganos de reserva: hígado, fruta, músculos, leche, etc.

La celulosa que constituye la pared externa de las células vegetales es un azúcar que el perro no puede asimilar. El *almidón*, que se encuentra en los vegetales, en concreto en los cereales, ha de ser cocido para que el organismo del animal pueda asimilarlo; se trata de un azúcar lento.

Los carbohidratos se acumulan en forma de glucógeno en los músculos, lo que permite aportar energía en caso de esfuerzo. El glucógeno también se utiliza en el proceso de termogénesis (regulación de la temperatura).

Las vitaminas

Son sustancias orgánicas cuya síntesis no puede ser realizada por el organismo del perro, pero que son imprescindibles para una serie de funciones vitales. Su déficit provoca una serie de enfermedades. Se encuentran en los huevos, el hígado, la leche, las legumbres secas, los cereales y los despojos. Las hay de dos tipos: las *liposolubles*, que son solubles con lípidos, y las *hidrosolubles*, solubles con agua.

Vitamina A (retinol): vitamina liposoluble que se encuentra en la leche, los huevos, las zanahorias, el maíz y los riñones. Es esencial para el crecimiento, la visión con luz débil y el mantenimiento de los tejidos mucosos blandos. Su carencia provoca problemas de crecimiento, de visión, etc.

Vitamina B₁ (tiamina): vitamina hidrosoluble que se encuentra en las legumbres secas, los cereales, la carne, la leche, los huevos y en la levadura. Su déficit provoca beriberi, anemia, crecimiento irregular y trastornos nerviosos.

Vitamina B₂ (riboflavina): vitamina hidrosoluble que se encuentra en las vísceras, las levaduras, la fruta y la leche. Interviene en la respiración tisular. La falta de vitamina B₂ produce dermatosis y lesiones oculares, así como anorexia e hipotermia.

Vitamina B₁₂ (cianocolalamina): vitamina hidrosoluble que se encuentra en las vísceras, el hígado, el pescado y los huevos. Participa en la formación de los glóbulos rojos y en el crecimiento. Su déficit provoca problemas de crecimiento y anemia.

Vitamina C (ácido ascórbico): vitamina hidrosoluble que se encuentra en los frutos cítricos y en las hortalizas crudas. El déficit conduce al escorbuto, pero no debe integrarse obligatoriamente en el régimen canino, porque el perro puede sintetizarla metabólicamente.

Vitamina D (calciferol): vitamina liposoluble que se encuentra principalmente en el aceite de hígado de bacalao, y también en los huevos, el hígado y los aceites de pescado. Incrementa la absorción de calcio y fósforo. Su déficit causa raquitismo y mala osificación. Dado que es muy raro el aporte natural de esta vitamina, se procurará incluirla en un complemento, especialmente durante la etapa de crecimiento.

Vitamina E (tocoferol, colicalciferol): vitamina liposoluble que se encuentra en los aceites vegetales, los huevos y la leche. Es indispensable para el buen funcionamiento de los músculos y del tejido nervioso y para la reproducción. Su déficit no es frecuente porque está ampliamente distribuida en la dieta, pero en cualquier caso, produciría problemas de esterilidad y de distrofia muscular.

Vitamina K: vitamina liposoluble que se encuentra en las legumbres, el hígado, los huevos y la piel de la naranja. Es esencial para la coagulación sanguínea. La carencia de esta vitamina comportaría el riesgo de hemorragias, aunque de hecho está muy distribuida en los vegetales de hoja verde y en la carne.

Vale más reposar que moverse después de una buena comida. (Propiedad de Séverine Duchesne)

Los minerales y los oligoelementos

Hay un gran número de minerales; algunos son constituyentes esenciales de los tejidos (calcio, potasio, etc.); otros sólo han de figurar en cantidades ínfimas (flúor, hierro, cobre, etc.). Estos últimos reciben el nombre de oligoelementos.

Calcio y fósforo: permiten una buena formación ósea y son útiles para la coagulación sanguínea y el equilibrio ácido-básico. Para ser asimilados necesitan vitamina D. La dosificación es muy compleja; por ejemplo, un exceso de calcio puede comportar un alargamiento no deseado de los huesos. El calcio y el fósforo se encuentran en los huesos y en la leche.

Magnesio: es un laxante excelente, necesario también para el metabolismo del fósforo y del calcio. Su déficit origina problemas en el crecimiento, mientras que un exceso provoca diarreas.

Potasio: es indispensable para el crecimiento y para el funcionamiento del sistema nervioso, del sistema muscular y del corazón.

Sodio y cloro: se hallan en la sal marina (cloruro de sodio). Son indispensables para la regulación de la presión osmótica (que permite el intercambio de líquidos en el interior del organismo). Su déficit comporta pérdida de apetito y problemas pilosos. Permiten también la producción de ácido clorhídrico en el estómago.

Principales oligoelementos

- *El manganeso, que actúa en el crecimiento óseo.*
- *El cinc, muy importante para tener un pelo en buenas condiciones y una piel sana.*
- *El hierro, que permite la correcta integración del oxígeno en la sangre.*
- *El cobre y el cobalto, que aseguran la correcta utilización del hierro y contribuyen a la producción de hemoglobina.*
- *El yodo, necesario para sintetizar las hormonas tiroideas.*

Los diferentes alimentos

La carne

La carne es el pilar básico de la alimentación del perro.

La carne de *buey* o *ternera* es la mejor porque contiene una gran cantidad de músculos que la hacen más digerible.

La carne de *cordero* también es muy adecuada.

La carne de *ave* debe presentarse en parte deshuesada para equilibrar la proporción de carne y hueso. Contiene proteínas de buena calidad y fácilmente asimilables.

La carne de *caballo* tiene un bajo coste, pero necesita un aporte suplementario de grasa (la de buey, por ejemplo).

Los *despojos* (corazón, hígados, riñones, tripas) tienen un valor proteico menor que la carne con músculo, pero contienen muchos minerales y los perros los encuentran muy sabrosos. Conviene darlos cocidos.

La carne de *cerdo* no es aconsejable porque comporta una serie de riesgos. Debe cocerse mucho tiempo con la consiguiente pérdida nutritiva.

El perro puede comer *huesos* si son suficientemente grandes para que no se los trague de un bocado y si no se astillan, como por ejemplo los huesos de conejo. El hueso no es un alimento propiamente dicho, aunque aporta algunos elementos nutritivos, limpia los dientes y algunos perros los aprecian en gran medida.

El pescado

Su principal problema son las espinas. Por tanto, en la alimentación del perro el pescado se dará sin las espinas duras; las blandas pueden ser digeridas, aunque persiste el riesgo de que puedan causar heridas en la boca del perro. El pescado es un alimento muy energético, rico en proteínas y que contiene vitaminas y sales minerales (yodo, fósforo, etc.). A los perros les suele gustar más cocido, aunque no hay que cocerlo demasiado para que no se destruya parte de las sustancias nutritivas.

Los huevos

Son un alimento ideal para sustituir a la carne, ricos en proteínas de excelente calidad, lípidos y vitaminas. Deben darse con precaución para evitar problemas de hígado. Las yemas pueden utilizarse crudas, pero las claras tienen que cocerse para conservar el contenido vitamínico.

La leche

Muchos perros no son capaces de digerirla por falta de lactasa, la enzima que permite la digestión de la lactosa. Se puede sustituir por yogur y queso. Para los adultos que pueden digerirla, es un alimento rico en proteínas, lípidos, vitaminas y sales minerales. Para los cachorros, en cambio, será un alimento predilecto aunque, por sus propiedades, no puede sustituirse la materna por leche de vaca.

Las grasas

En este grupo de alimentos se incluye el tocino, la manteca, la mantequilla y las grasas de origen vegetal. Los ácidos grasos no saturados contribuyen al embellecimiento del pelo del groenendael (la mantequilla en particular contiene gran cantidad de vitamina A). Las grasas son muy calóricas y ricas en lípidos. Están muy indicadas para perros que trabajan y que viven en climas fríos.

El arroz, la pasta y los cereales

Prácticamente no contienen grasas, pero sí carbohidratos y proteínas. Son azúcares lentos por excelencia, dado que contienen mucho almidón. Este último no puede ser asimilado directamente por el perro, por lo que estos alimentos requieren un proceso de ebullición que permita que el almidón se transforme en dextrinas. No se deberá abusar de ellos para evitar el riesgo de sobrepeso.

Legumbres y fruta

Son alimentos de los que el perro puede prescindir, dado que sólo asimila de ellos una ínfima parte de proteínas vegetales. Crudos pueden aportar vitaminas, aunque no será

Maverick du Crepuscule des Loups *en plena acción.* *(Propiedad de Serge Delohen)*

empresa fácil hacer comer un plato de judías verdes a un carnívoro. La fibra que contienen las legumbres facilita el tránsito intestinal. En ningún caso hay que dar patatas a los perros, porque pueden contener solanina, muy tóxica para ellos. Asimismo están prohibidos la col, el ajo, la cebolla, las habichuelas y los guisantes.

El pan

A los perros suele gustarles seco. Su aporte energético no es desestimable.

Los azúcares, pasteles y dulces en general

No deben utilizarse en ningún caso, ni como alimento ni como recompensa (preferiremos un trozo de queso o de pan). El azúcar es un veneno para el perro, porque le engorda y le deteriora los dientes a marchas forzadas. El azúcar se utilizará exclusivamente en ciertos casos (hipoglucemia).

La práctica deportiva requiere una alimentación adecuada para que el perro esté en plena forma

El agua

Debe estar permanentemente a disposición del animal, independientemente del tipo de alimentación que se le dé.

Los alimentos industriales

La dificultad en la dosificación y el tiempo de preparación que requiere la dieta del perro han hecho que los alimentos de producción industrial experimenten un gran desarrollo a partir de los años ochenta. Ofrecen alimentos completos a un precio relativamente bajo y fáciles de utilizar porque contienen todos los nutrientes necesarios para el equilibrio del perro (incluso los oligoelementos). Obviamente no todos los productos tienen la misma calidad. Actualmente los fabricantes ofrecen distintas gamas formuladas para cada edad, tamaño del animal y tipo de actividad.

Existe otro tipo de alimentos que no son completos que pueden usar quienes deseen controlar la calidad de la carne que dan al perro. Generalmente están compuestos a base de legumbres o cereales, que deben añadirse a la carne.

Los alimentos húmedos

Su grado de humedad gira en torno al 80 %, y pueden presentarse congelados o en conserva. En la mayoría de los casos se les tiene que añadir azúcares lentos: pasta, arroz o cereales. Son fáciles de conservar, pero ocupan bastante lugar y son bastante caros. Su sabor gusta mucho a los perros. No tienen el mismo efecto limpiador mecánico que los alimentos duros. Para que sean de buena calidad la proporción de proteínas ha de ser del 40 %; los lípidos y las fibras representan un máximo del 25 % y del 3 % respectivamente.

Los alimentos semihúmedos

La presentación más habitual es en bolsitas de polietileno. Su índice de humedad oscila entre el 13 % y el 35 %, y para conservarlos tienen que congelarse.

Los alimentos secos

Se les suele llamar *croquetas*. Tienen un grado de humedad inferior al 14 %, lo cual facilita la conservación. Al tratarse de un alimento duro requiere una cierta masticación que ayuda a eliminar los depósitos dentarios. Son muy completos y su precio es relativamente económico. Es el tipo más utilizado en el mundo canino, aunque otras fórmulas son más apetitosas. Se pueden considerar de buena calidad los productos que contienen un 25 % de proteínas y aproximadamente un 5 % de lípidos.

Todos los productos llevan un cuadro explicativo en donde figura la composición, las instrucciones de uso y la dosificación.

Indicaciones de uso y composición de los productos

En las etiquetas informativas figuran los porcentajes, aunque también es importante observar los ingredientes para determinar la calidad del producto. Como ya hemos visto, el perro asimila mejor las proteínas de origen animal que las de origen vegetal. Así, por ejemplo, puede ocurrir que el producto A sea más barato que el producto B porque contiene más proteínas vegetales, pero al ser estas últimas menos asimilables que las proteínas del producto B, que son de origen animal, se necesitará una cantidad mayor del producto A para la dosis diaria, por lo que puede ocurrir que sea más caro. Tampoco hay que olvidar que, además, en el primer caso el organismo del animal debe realizar un esfuerzo mayor para digerir una cantidad de comida mucho mayor.

La salud del perro

El pastor belga groenendael no es un perro débil ni con propensión a enfermar. Sin embargo, no está de más tener los conocimientos necesarios para poder afrontar cualquier problema de salud del perro. No se trata, evidentemente, de convertirse en un aprendiz de veterinario ni mucho menos de encerrar al animal en una burbuja de oxígeno esterilizada, aunque sería conveniente que el propietario de un perro tuviese algunas nociones elementales. De hecho, si conocemos cuáles son nuestras condiciones normales de salud, ¿por qué habríamos de ignorar las de nuestro compañero? Los cuidados deben realizarse con una cierta frecuencia, ya que en muy pocos casos un perro enfermo reclama la ayuda de su amo. Hay que tener en cuenta que puede sufrir cualquier trastorno con la misma facilidad que un ser humano y, además, puede transmitirnos muchas de las enfermedades que contraiga.

La higiene del perro

El manto

El groenendael se tiene que cepillar dos o tres veces por semana, con un cepillo de púas metálicas o con un rastrillo.

Para sacar el mejor partido de sus cualidades estéticas, el groenendael tiene que ser cepillado regularmente. (Propiedad de los señores Chereau)

El baño

En primer lugar hay que poner sobre aviso a los propietarios excesivamente pulcros: generalmente no todos los perros tienen necesidad de ser bañados. El baño se reserva para casos excepcionales en los que el perro está muy sucio. El pelo del perro está protegido por un estrato de sebo que él mismo secreta y que lo hace impermeable; la acción del jabón destruye el sebo, disminuye la protección, y el pelo y la piel corren el riesgo de deteriorarse.

Si realmente nos encontramos ante la necesidad de bañar al perro, el lugar idóneo para hacerlo es la bañera. La temperatura del agua deberá estar entre 35 y 38 °C. Se puede utilizar un champú especial para perros o champú suave para niños. Se frota todo el cuerpo y se enjuaga abundantemente. A continuación se seca con una toalla y luego con el secador, que no pondremos demasiado cerca para no estropear el pelo ni quemar al animal. Sin embargo, antes de orientar el aire caliente al cuerpo del perro, lo pondremos en marcha y le daremos unos toquecitos para eliminar el polvo adherido al tubo de plástico a causa de la electricidad estática que suelen crear los electrodomésticos.

Las orejas

Las orejas han de limpiarse regularmente. Evitaremos los bastoncitos con bolitas de algodón en las puntas, ya que podrían empujar el cerumen hacia el interior. Normalmente la suciedad no se deposita muy adentro, y basta un poco de algodón o una gasa humedecidos con un poco de aceite de oliva o agua oxigenada. Aprovecharemos la operación de limpieza para inspeccionar las orejas, y consultaremos al veterinario a la menor duda (reacción de dolor, mal olor).

Los ojos

Se pueden limpiar las legañas, pero al mínimo síntoma de irregularidad (enrojecimiento, lagrimeo constante, inflamación) lo más prudente es consultar con el veterinario para prevenir males mayores.

Los dientes

Los depósitos de sarro pueden provocar gingivitis o mal aliento; por ello es conveniente el uso de alimentos industriales secos, que limpian mecánicamente los dientes. En la alimentación tradicional esta función es llevada a cabo por los huesos y el pan seco. En casos extremos (cuando la suciedad sea tal que exista peligro de infección), el veterinario puede efectuar una limpieza bucal, para lo que deberá aplicar un sedante.

Las uñas

Si el perro realiza el ejercicio suficiente, las uñas se gastan por sí mismas.

Las constantes

La temperatura rectal

Es una buena norma acostumbrar al perro a dejarse tomar la temperatura, para que cuando llegue el momento en que sea indispensable no reaccione con nerviosismo o agresividad.

El termómetro debe lubrificarse y mantenerse colocado por espacio de unos 30 segundos. La temperatura corporal normal es de 38,5 o 39 °C.

La frecuencia cardiaca

No es fácil tomar las pulsaciones a un perro. Se pueden tomar con el índice o con el corazón, que debe apoyarse sobre la arteria femoral (cara interna del muslo). La medición no deberá efectuarse con el pulgar, porque podríamos notar nuestros propios latidos. El pulso oscila entre las 70 pulsaciones por minuto para un perro anciano, las 80-100 para un adulto, y las 100-130 para un cachorro.

Todas las partes del cuerpo han de ser examinadas. (Propiedad de los señores Chereau)

La respiración

También depende de factores individuales, como la forma física, el estado de salud y la edad. En reposo un perro adulto realiza una media de dieciséis inspiraciones y espiraciones por minuto, y un joven una media de veinte.

Las enfermedades

La rabia

Provoca encefalitis y alteraciones del comportamiento, acompañados de salivación excesiva.

En principio todos los animales de sangre caliente pueden ser contaminados y pueden transmitir el virus, lo que sólo excluye a los batracios, los reptiles, los insectos y otros artrópodos y a los peces. Pero, de hecho, los animales portadores, o por lo menos potencialmente transmisores, son los animales mordedores, como perros, gatos, zorros, tejones, ratas, etc.

El animal mordido no presenta los primeros síntomas hasta que ha transcurrido un periodo de incubación relativamente largo, que va de dos semanas a dos meses. Cuando se manifiestan los síntomas, la suerte del animal es irremediable. El virus puede ser transmitido unos días antes de manifestarse los síntomas, por medio de la saliva. Un animal que ha mordido tiene que estar en observación durante al menos quince días: si presenta los primeros síntomas, todavía se está a tiempo de vacunar a la persona o animal víctima de la mordida, puesto que el virus aún no habrá alcanzado su objetivo. El animal condenado sufre fuertes convulsiones nerviosas.

Existen dos tipos de rabia: la *rabia furiosa* y la *rabia paralítica*. La primera transforma el comportamiento del perro; suele comportarse de forma opuesta a lo habitual, y normalmente acaba mostrándose muy agresivo. La segunda forma se caracteriza por parálisis (especialmente de la mandíbula) con salivación abundante y continua.

En ambas formas el desenlace es mortal. La única forma de combatirla es la prevención, es decir, por medio de la vacunación. Todos los animales han de ser vacunados. La primera vacuna generalmente va a cargo del criador. Las vacunaciones y las correspondientes revacunaciones constan en el libro sanitario del animal. La vacunación contra la rabia es obligatoria en determinadas circunstancias (cámping, viajes al extranjero, caza, exposiciones, zonas de riesgo, etc.).

La enfermedad de Carré

Es una enfermedad vírica temible que causa un número importante de muertes cada año. La primera descripción de esta enfermedad corrió a cargo de Edward Jenner en 1809, el médico británico a quien debemos la primera vacuna (contra la viruela en 1796). Pero el virus no fue identificado hasta 1905 por el hombre que dio nombre a la enfermedad.

Los primeros síntomas de esta enfermedad no son preocupantes, ya que se manifiesta como un resfriado, con secreción ocular y nasal acompañadas de fiebre leve. Pero no tardan en aparecer problemas digestivos (diarrea, vómito), respiratorios (tos, dificultad respiratoria), oculares (conjuntivitis), cutáneos (pústulas) y nerviosos (convulsiones, parálisis). La muerte no tarda en sobrevenir.

El tratamiento es difícil y los resultados no están garantizados. Hay que acudir al veterinario con urgencia. En este caso también la mejor actuación consiste en prevenir la afección por medio de la vacuna correspondiente.

Enfermedad de Rubarth

Es una enfermedad provocada por un virus, también llamada hepatitis de Rubarth o hepatitis infecciosa. Es difícil de detectar. Si el perro sufre problemas digestivos que no se acaban de curar, más vale que le vea el veterinario. Es motivo de alarma que, pasado un par de semanas, el ojo adquiera una tonalidad azul, aunque este síntoma no se manifiesta obligatoriamente. A veces se le denomina *queratitis azul*, aunque en realidad se trata de un edema córneo.

Es una enfermedad altamente contagiosa. En este caso también, la mejor actuación es prevenir por medio de la correspondiente vacuna.

Un perro que desprende vitalidad y salud. (Propiedad de Serge Delohen)

La parvovirosis

Es una enfermedad relativamente reciente, que en Francia llegó a finales de los ochenta procedente de Estados Unidos. En aquellos años provocó un importante número de muertes, sobre todo entre perros jóvenes y ancianos. Actualmente tiene poca incidencia y afecta casi exclusivamente a los cachorros. El periodo más delicado se sitúa entre las cuatro y las ocho semanas; este momento es el más crítico porque las defensas transmitidas por la madre prácticamente han desaparecido y las vacunas todavía no tienen la eficacia necesaria para luchar contra el parvovirus.

La enfermedad es muy contagiosa y puede afectar a muchos animales, como, por ejemplo, roedores, aves, cerdos e incluso insectos. El parvovirus ataca prioritariamente las células de crecimiento y renovación rápidas (tejido cardiaco, células intestinales, etc.). Los síntomas son parecidos a los de una gastroenteritis, por lo que también se conoce esta enfermedad como gastroenteritis hemorrágica.

Los animales afectados sufren diarreas y vómitos de consideración que comportan una rápida deshidratación. Pierden rápidamente la vitalidad, el apetito y tienen fiebre. La parvovirosis puede concluir con una crisis cardiaca que provoca la muerte.

Actualmente no se conoce la forma de combatir directamente el virus. Lo más que se puede hacer es tratar los síntomas, rehidratar al animal y administrarle antibióticos. Se puede prevenir con vacunas que cada vez son más eficaces. Se puede afirmar que actualmente los perros atacados por el parvovirus presentan únicamente síntomas intestinales, ya que los problemas cardiacos debidos al virus cada vez son más esporádicos.

Las leptospirosis

Son enfermedades provocadas por las leptospiras, unos protozoos (seres vivos unicelulares) compuestos por unos filamentos que se enrollan en espirales formadas por unas veinte espiras. Los protozoos se desplazan con movimientos helicoidales, parecidos a los que haría un resorte, es decir, mediante una serie de impulsos generados por la contracción y la posterior extensión. Estas bacterias son los huéspedes privilegiados de roedores como ratas y también erizos que, como es bien sabido, son sede de parásitos (pulgas y garrapatas en concreto). Esto nos debe hacer comportarnos con mucha prudencia a la hora de manipularlos, ya que no basta con protegerse de las espinas.

Los erizos y los roedores no son atacados por la leptospirosis, incluso cuando son portadores de las leptospiras, si bien pueden transmitir la bacteria a los animales sensibles a ella (perro, gato, hombre, etc.). Las bacterias pueden infestar un ser vivo a través de la mordedura de un animal portador o a través del medio en donde viven.

En efecto, las ratas u otros animales expulsan leptospiras con los excrementos, y estas pueden sobrevivir si encuentran otro hospedador. Las leptospiras sobreviven fácilmente en un medio húmedo. En consecuencia, debemos tener la precaución de no dejar que el perro juegue o corra en lugares con aguas sucias en las que puede haber ratas portadoras de esta enfermedad.

Los síntomas de las leptospirosis son numerosos y graves. En primer lugar se observan vómitos y diarreas hemorrágicas. También pueden presentar problemas renales, inflamaciones bucales, una fuerte deshidratación, fiebre y coloración de las mucosas. El diagnóstico definitivo sólo puede realizarse con los correspondientes análisis. La enfermedad es prácticamente incurable. Existen algunas vacunas que ofrecen un nivel de protección bastante elevado. Lo mejor es evitar los medios favorables a los agentes patógenos: aguas cenagosas, estancadas, y combatir las ratas.

La piroplasmosis

Es una enfermedad susceptible de afectar a perros que viven en el campo y que tienen acceso a bosques, montes, zarzales, prados y vegetación en general. La piroplasmosis, que también recibe el nombre de *babesiosis*, se transmite a través de la garrapata, y puede ser mortal. El causante es un protozoo, el *Babesia canis*, que ataca los glóbulos rojos y provoca anemia. Las garrapatas son parásitos que se nutren de la sangre de sus hospedadores. Por regla general, estos ácaros logran fijarse en las zonas en donde la piel es más sensible. Cuando no pueden ingerir más, se dejan caer del animal.

La garrapata permanece varios días adherida al cuerpo del animal, pero la transmisión no se produce desde el primer momento. Por esto, si vemos que el perro tiene una garrapata no debemos pensar que si había riesgo ya se ha consumado, sino que retiraremos inmediatamente el parásito. No intentemos arrancarlo porque la cabeza del parásito podría quedarse dentro de la piel. Primero dormiremos la garrapata con un algodón impregnado en éter, y a continuación la retiraremos toda entera con unas pinzas o unas pequeñas tenazas diseñadas para tal efecto.

Es muy difícil erradicar las garrapatas de su medio natural (bosques y prados), porque la hembra pone varios miles de huevos que dan larvas que necesitan nutrirse de sangre para transformarse en ninfas y convertirse en ejemplares adultos, que siguen alimentándose de sangre y pueden reproducirse. Un perro en el que se haya encontrado una o varias garrapatas tiene que ser observado atentamente.

Los síntomas de la piroplasmosis son fatiga anormal, fiebre, orina oscura, mucosas pálidas. En el caso de que se aprecien estos síntomas, hay que llevar al animal al centro veterinario con cierta urgencia.

La mejor solución es la vacunación preventiva. También se puede recurrir a toda una gama de productos antigarrapatas, como collares, polvos y jarabes. Cuando un perro está infestado conviene inspeccionar los lugares que suele frecuentar (cama, jardín) y tomar las medidas necesarias para destruir los nidos o colonias de garrapatas.

La leishmaniosis

Es una enfermedad endémica de la cuenca mediterránea causada por un protozoo, el *Leishmania infantum*, que es transmitido por un pequeño mosquito, el flebótomo, que se encuentra en las zonas húmedas por donde transita el ganado.

Los síntomas principales son anemia, delgadez, gran fatiga, fiebre, pérdida de pelo, en particular en la cabeza (alrededor de los ojos, de las orejas y del hocico) y a veces también en el tórax y en la cola, espesamiento de la piel, principalmente en el lomo, alargamiento de las uñas, úlceras y prurito. Se observa también la aparición de ganglios; a veces también diarreas y vómitos. El diagnóstico definitivo requiere los correspondientes análisis.

Cuando el tratamiento se efectúa a tiempo los síntomas desaparecen, pero el animal no se considera curado, ya que sigue siendo portador del parásito y puede recaer. El portador de *Leishmania infantum* puede transmitir la enfermedad a otros animales o a seres humanos de su entorno incluso sin padecer él mismo la enfermedad.

En la actualidad no existe ningún tratamiento ni vacuna definitivos. Ante esta situación, la prudencia es primordial: se evitarán las áreas de riesgo por la presencia de mosquitos y no se dejará que el perro duerma en el exterior. El único método paliativo, habitual en parques zoológicos, consiste en la destrucción sistemática de todas las larvas de mosquitos antes de que alcen el vuelo, pero este procedimiento es muy costoso y no puede aplicarse siempre.

La tos de las perreras

Es una laringotraqueobronquitis debida a un doble ataque: en una primera fase ataca un adenovirus, seguido de
una bacteria, la *Bordetella bronchiseptica*. Los síntomas son
muy evidentes: los perros tosen continuamente con una
tos ronca, los ojos se enrojecen y se aprecia una abundante secreción nasal. En el hombre esta sintomatología sería
propia de un proceso gripal.

   La enfermedad se cura generalmente con un tratamiento antibiótico y contra la tos, que en algunos casos puede
ser bastante largo (varias semanas). Es importante tratar al
animal afectado cuanto antes porque la enfermedad es ex-
tremadamente contagiosa. Existe una vacuna que puede
practicarse unos días después del nacimiento. No hay que
olvidar la revacunación anual.

La toxoplasmosis

Es una enfermedad causada por un protozoo, el *Toxoplas-
ma grondii*, que se transmite fácilmente a través del gato.
Tratada a tiempo, la enfermedad puede vencerse, pero si
se deja evolucionar puede ser mortal para el perro. El
diagnóstico es difícil de efectuar porque generalmente los
síntomas son de índole intestinal o pulmonar.

   Se aprecian trastornos nerviosos y reflejos blanquecinos
en el fondo de la retina. El tratamiento habitual se basa en
antibióticos y es bastante largo.

Los parásitos

Existen dos tipos de parásitos, los externos o ectoparási-
tos, que atacan al animal por el exterior y permanecen en
la epidermis, y los internos o endoparásitos, que lo atacan
desde el interior.

Los parásitos externos

Las garrapatas: tal como hemos visto en el apartado dedicado a la piroplasmosis, la garrapata es el parásito externo que entraña más peligro para la salud del perro. Es un
ácaro cuya talla oscila entre 1 y 10 mm, según el grado de
evolución. Las garrapatas se posan en las hierbas altas, en
las zarzas o en otras plantas y esperan a que pase el animal,
al cual se fijan clavando los artejos. Esto implica que des-

pués de cada paseo por lugares en donde se den las condiciones para que haya garrapatas habrá que inspeccionar minuciosamente al perro. Las garrapatas suelen instalarse en las zonas del cuerpo en donde la piel es más fina (alrededor de los ojos, del ano, de las orejas, etc.), si bien hay que explorar igualmente todo el cuerpo del animal. Para retirar la garrapata hay que dormirla con un algodón impregnado con éter, y luego tirar desde la base hacia atrás con unas pinzas, para que el aparato bucal no se quede dentro de la piel, con el consiguiente riesgo de infecciones o abscesos.

Los piojos: son insectos de 1 a 3 mm que, al contrario que las garrapatas, pasan toda su vida en el mismo hospedador, al menos si se les deja. Las hembras ponen los huevos unos después de los otros, fijándolos en los pelos del animal infectado. La dificultad principal es erradicar los huevos, o liendres, no propiamente los piojos adultos. Las liendres dan larvas que no tardan en transformarse en adultos reproductores. Una de las características de la población de piojos es la rapidez con la que se reproducen. Según el tipo de especie, los piojos se nutren de escamas o directamente de sangre. Las especies de piojos que infestan al perro pueden transmitirse al hombre y viceversa, por simple contacto.

Un animal afectado debe ser tratado con productos específicos. Muchas veces es preciso pasar un peine fino por la base del pelo del perro para arrancar las liendres.

Las pulgas: son insectos de cuerpo aplanado, color pardo, y que miden de 1 a 4 milímetros. Viven desde la primavera hasta la llegada del frío, salvo cuando hay un nido en un lugar resguardado de la casa. Las pulgas se nutren de la sangre del perro, pero sólo permanecen en el cuerpo del animal mientras se alimentan. Se reproducen en rincones poniendo huevos que pasan al estadio de larvas y seguidamente al de ninfas, antes de ser adultas y comenzar a nutrirse. Las pulgas se eliminan con productos específicos de venta en farmacias y centros veterinarios.

Intentar matar un pulga con la mano es muy difícil porque es rápida y salta mucho (el salto de la pulga para un humano equivaldría a saltar la altura de la torre Eiffel); por otro lado, cuando se ve una pulga en el pelaje de un perro significa que hay varias decenas más, o incluso centenas, en el hábitat del perro y de los propietarios.

Kreole de la Quièvre. *(Propiedad de la señora Gaudin; fotografía de Serge Sanches)*

Los ácaros: viven principalmente a finales de verano. Son minúsculos y sólo plantean problemas en el estadio larvario, porque en tanto que parásitos no pasan por los otros estadios. Tienen un aspecto parecido al de una araña diminuta (menos de 1 milímetro), son de color rojo y pican en las zonas más sensibles (alrededor de los ojos, del ano, de las orejas, etc.) provocando pruritos terribles. Una vez se han nutrido suficientemente (después de tres o cuatro días), los ácaros abandonan a su hospedador, pero el prurito puede subsistir unos diez días.

El único remedio eficaz son los insecticidas tradicionales para perro.

La tiña: se trata de una infección micótica debida a la presencia de minúsculos hongos que provocan la pérdida de pelo, especialmente en la cabeza y en los costados, aunque sin que ello sea una regla general. La tiña es contagiosa entre perros y también del perro al hombre. El tratamiento es por lo general bastante agresivo, y el veterinario lo planteará según la evolución de la infección. Habrá que localizar el origen del problema: higiene, roedores…

La sarna: está causada por un ácaro muy pequeño, prácticamente invisible a simple vista: el sarcoptes. Existen diferentes variedades, determinadas por la particularidad del ácaro de adaptarse a un tipo de hospedador. El ácaro horada la piel para poner los huevos, provocando una picazón intensa. El perro pierde el pelo por áreas importantes y en su lugar aparecen costras. Las zonas más afectadas son la cabeza, las patas y el vientre. La sarna es contagiosa por el contacto entre un animal infestado y otro de su misma especie sano. Para descartar la confusión con otros problemas (otros parásitos, eczema) es preciso efectuar un raspado de piel. El tratamiento consiste en la aplicación de productos antiparasitarios y acaricidas. Los perros que hayan estado en contacto con la víctima principal deben ser tratados preventivamente. Lógicamente el animal afectado debe ser aislado.

Hay una forma de sarna denominada *sarna otodéctica* u *otitis parasitaria* que afecta únicamente al conducto auditivo del perro. La sarna es transmisible al hombre, pero en este último se cura con más facilidad.

Los parásitos internos

Ya hemos visto una parte de los parásitos internos al describir las enfermedades que transmiten. Los parásitos pueden instalarse en el organismo del perro para alimentarse en su interior. Suelen denominarse *lombrices*. Pueden ser planas, como la tenia, o redondas, como los ascáridos. Se instalan en el tubo digestivo del perro de varios modos: algunos penetran a través de la epidermis mediante la picadura de las garrapatas o las pulgas y otros lo hacen por vía oral, en forma de larvas o de huevos.

Los ascáridos: son lombrices redondas cuyo grosor no supera el milímetro, pero que alcanzan una longitud de 100 mm. Prácticamente todos los cachorros son portadores de este parásito, puesto que generalmente son contaminados durante la gestación a través de los vasos sanguíneos, aunque también pueden contaminarse con la absorción del calostro. Estas lombrices se alojan en el intestino delgado y pueden provocar diarreas, vómitos y anemias, con los consiguientes déficit e incluso trastornos nerviosos. Los animales afectados deben ser aislados para limitar la propagación de la enfermedad y tratados con los vermicidas indicados por el veterinario. Los cachorros han de ser desparasitados sistemáticamente todos los meses hasta que cumplan un año de edad.

Los anquilostomas: son lombrices redondas que se nutren en las mucosas intestinales provocando anemia. El perro adelgaza y pierde vitalidad; puede presentar diarrea hemorrágica y trastornos digestivos y respiratorios. Si no es tratado a tiempo acaba con una infección generalizada. Debido a la facilidad de contagio, el perro deberá ser aislado y tratado con vermicidas. Los anquilostomas penetran en el organismo a través de la comida. Los accessorios, especialmente comedero y bebedero de los animales afectados, deben ser cuidadosamente lavados y desinfectados después de cada utilización.

Las tenias: son lombrices planas que pueden llegar a medir varios metros por un grosor medio de un centímetro. La parte anterior de la tenia, el escólex, se fija en las mucosas del intestino delgado por medio de sus ganchos y sus ventosas. La parte restante de la tenia está constituida por varios centenares de anillos, los proglotis, que representan cada uno un animal independiente capaz de reproducirse. En muchas ocasiones se encuentran proglotis en las heces de los perros; estos anillos llevan los huevos que pueden ser ingeridos por animales tan diversos como roedores, rumiantes y algunos parásitos externos (pulgas, piojos). Por tanto, un perro puede contraer la tenia comiendo carne o a través de la picadura de insectos y parásitos externos.

Es evidente que no se puede curar un perro parasitado por tenias si no se eliminan las pulgas. El tratamiento es largo y requiere un gran trabajo. Para evitar la recontaminación sistemática es preciso quemar los excrementos del animal.

Los accidentes

En este apartado se incluyen los problemas que pueden producirse de forma inesperada, y que requieren un mínimo de atenciones mientras se espera la llegada del veterinario. Lo más importante es mantener la sangre fría, puesto que el pánico no hará más que restar eficacia y el groenendael accidentado notará nuestro nerviosismo, lo cual empeorará la situación. Las medidas que deberemos tomar en caso de accidente pueden resumirse en tres conceptos: proteger, alertar y socorrer. *Proteger* significa ocuparse de que un problema no dé lugar a otros problemas. Si el perro ha sido atropellado en la carretera, debe haber alguien que se ocupe de la circulación para evitar un nuevo accidente. *Alertar* significa avisar al veterinario, incluso antes de querer ayudar al perro. *Socorrer* significa ocuparse del animal mientras se espera la llegada de la ayuda.

En primer lugar procuraremos calmar y tranquilizar al perro, sin olvidar que un animal herido puede reaccionar de manera imprevisible. La solución más prudente es ponerle un bozal antes de proceder a cualquier tipo de manipulación.

Envenenamientos e intoxicaciones

Pueden ser accidentales o intencionados. En cualquier caso, siempre es mejor prevenir que curar. Los productos que el perro puede ingerir deben ser guardados en lugares a los que el perro no tenga acceso, del mismo modo que se haría con un niño de corta edad. Esto incluye los medicamentos que se suelen dejar encima de la mesa. Pero lo más importante es enseñar al perro a no comer nada sin nuestra autorización. Así evitaremos que mordisquee el cadáver de un animal muerto (quién sabe si envenenado), que lama o engulla algún producto tóxico (plaguicida, veneno para ratas, etc.) o acepte carne que le ofrezca un desconocido. Por otra parte, algunas plantas pueden ser tóxicas (muguete, hiedra, ficus). Antes de plantar algo en el jardín conviene informarse.

Si pese a todas las precauciones se produce el accidente, no hay que hacer vomitar al perro porque, al contrario

¡Cuidado
con los envenenamientos!
(Propiedad de Serge Delohen)

de lo que muchos sostienen, determinados productos pueden incrementar su efecto con el vómito. Llamaremos cuanto antes al veterinario, y le facilitaremos todas las indicaciones posibles acerca del producto ingerido. Si es necesario, el veterinario dirá si es preciso que el perro vomite.

En el caso de que fuese necesario, hay dos maneras de conseguirlo: haciéndole beber agua salada (una o dos cucharadas de sal por vaso de agua, que le haremos ingerir con una jeringuilla, por ejemplo); si conocemos muy bien al animal y sabemos que no hay peligro de que nos muerda, introduciremos uno o dos dedos en su garganta.

Las mordeduras de serpiente

El perro mordido por una víbora reacciona violentamente. Aúlla de dolor e intenta lamerse la herida. Es preciso ralentizar la evolución del veneno (y por tanto de la sangre), manteniendo el perro en reposo. Si disponemos de una jeringuilla especial para estos casos, es el mejor momento para utilizarla. Si se actúa con rapidez, se puede aspirar una parte importante del veneno, aunque ello no significa que no debamos visitar al veterinario urgentemente. Si no tenemos esta jeringuilla, deberemos limpiar la herida con un antiséptico e inyectar un suero antiofídico. De todos modos, lo mejor es tener siempre a mano en el botiquín una jeringuilla de estas características, que además no requiere condiciones de conservación especiales y sirve tan-

Las serpientes pueden morder a los perros. (Propiedad de Séverine Duchesne)

to para el perro como para el hombre, ya se trate de picaduras de serpientes o de insectos.

Después de las primeras curas, dejaremos reposar el perro en un lugar tranquilo, a la espera del veterinario. En ningún caso intentaremos aspirar el veneno con la boca, porque una caries o una afta podrían ser problemáticas.

Las picaduras de insectos

Al igual que en los seres humanos, las picaduras pueden ser inocuas o pueden tener consecuencias muy graves. Depende del animal que realice la picadura (avispa, abeja, tábano, etc.), del lugar de la picadura y del receptor.

Si la picadura es benigna (en el muslo, por ejemplo) hay que retirar el aguijón con unas pinzas y aplicar un poco de pomada antihistamínica. En caso de picadura múltiple, habrá que repetir la operación y avisar al veterinario sin demora. A veces el insecto pica al perro en el hocico o en la cabeza. En tal caso hay que consultar al veterinario rápidamente porque la inflamación puede dar lugar a un ahogo. Si el perro es alérgico, puede haber un edema, con los consiguientes problemas respiratorios. En este caso también habrá que llevarlo urgentemente al veterinario. El hecho de que el perro no presente reacción alérgica a una picadura no significa que no pueda suceder. Las picaduras más graves son las de los tábanos, ya que la dosis y la intensidad del veneno son más importantes; además, el tábano no sólo se defiende, sino que ataca sin motivo aparente.

Al igual que en las mordeduras de serpiente, la jeringuilla puede ser eficaz siempre y cuando se actúe con rapidez y se impida que el veneno se disperse por todo el cuerpo.

El golpe de calor

El golpe de calor suele producirse en el interior de un vehículo a pleno sol.

Nunca hay que dejar el perro dentro del coche en épocas de calor, porque nunca se sabe lo que nos puede retener, y detrás de los cristales la temperatura aumenta a una velocidad vertiginosa. El perro puede sufrir un golpe de calor por otros motivos, como por ejemplo un esfuerzo prolongado en condiciones de mucho calor y sin posibilidad de beber. La respiración del perro se hace jadeante, el pulso se acelera, la temperatura corporal aumenta; el perro vacila y pierde el equilibrio, y en algunos casos se muerde la lengua.

Se le tiene que instalar rápidamente en un lugar fresco pero no frío, ya que conviene evitar el *shock* térmico, y mojarlo con agua.

Las fracturas

Las causas de las fracturas pueden ser diversas y variadas. La gran mayoría se producen en las extremidades debido a impactos violentos. El propietario no debe curar al perro, sino facilitar las cosas mientras se espera el transporte al centro veterinario o la llegada del facultativo.

Existen dos tipos de fracturas: las fracturas simples y las fracturas abiertas. En caso de fractura simple hay que mover lo menos posible la parte donde se ha producido la herida. Para ello se puede entablillar la extremidad provisionalmente. En caso de fractura abierta, debe evitarse todo contacto que pueda originar una infección. Si la sangre brota abundantemente y a borbotones, se tratará casi con toda seguridad de una arteria; en tal caso efectuaremos un punto de compresión, presionando con el pulgar por encima de la herida. Si la fractura no está localizada en una extremidad, hay que manipular el perro lo menos posible y solicitar la intervención del veterinario.

El golpe de calor es más fácil que se produzca en el interior de un automóvil que al aire libre, incluso a pleno sol. (Propiedad de Séverine Duchesne)

Estado de *shock*

Puede ser consecuencia de un problema físico que afecte al funcionamiento cardiovascular. Generalmente es el resultado de un impacto violento que desorienta al perro. No es conveniente subestimarlo porque puede ser síntoma de un problema importante, como una hemorragia interna. Un perro en estado de *shock* se reconoce por el temblor continuo, la palidez de las mucosas, el descenso de la temperatura y de la tensión; también presenta dificultades respiratorias, incontinencia y vómitos. Lo primero que necesita el perro es la presencia reconfortante de su amo, puesto que necesita recuperar la calma. Por otro lado, se le debe tapar con una manta para que recupere el calor, darle de beber, y avisar al veterinario cuanto antes. Según el caso, este último le podrá administrar oxígeno, aplicarle un suero y, sobre todo, tratar la causa del *shock* con la medicación o la intervención quirúrgica necesarias.

Debemos saber que un animal que se acaba de recuperar de un estado de *shock* permanece un tiempo débil; el veterinario indicará el periodo de reposo oportuno.

La displasia de cadera

La displasia de cadera es una patología de la articulación coxofemoral que afecta principalmente a las razas pesadas, como el bullmastiff y el san bernardo, y que es muy frecuente en el pastor alemán y en el rottweiler (animales relativamente pesados para su talla). Esta malformación puede tener una cierta incidencia en el pastor belga, no debido al peso, sino a la construcción ósea. De ahí la importancia de tener unas nociones sobre la lesión.

La displasia de cadera es hereditaria, y por consiguiente los ejemplares que la padecen quedan automáticamente apartados de la reproducción.

La displasia de cadera se caracteriza por una anomalía de la cabeza del fémur y de la fosa acetabular, que provoca una luxación cuya consecuencia es el desgaste prematuro del cartílago de la articulación. El perro afectado presenta una deambulación irregular y, a medida que evoluciona el problema y aparece la artrosis, cojea y da muestras de dolor. Por lo tanto, el animal displásico no puede realizar esfuerzos violentos, lo que significa que no es apto para actividades de rescate o guardia ni tampoco para realizar pruebas deportivas.

La única forma segura de confirmar la existencia de la displasia es mediante una radiografía, realizada con anestesia general porque se requiere una relajación muscular total y el animal ha de estar en una posición muy concreta. Cuando se desea destinar un groenendael a la reproducción, al año de edad se le deberá efectuar dicha radiografía. La displasia se califica por grados: articulación normal (0); casi normal (1); leve o ligera (2); media o moderada (3); grave (4). Los perros con grados 3 y 4 de displasia son los que no pueden reproducirse.

Este es el precio que hay que pagar para mantener las razas sanas y con un número mínimo de defectos. Pese a todo, aunque la displasia excluya al animal de la reproducción, puede intervenirse y la articulación puede recuperarse mediante una prótesis.

La reproducción

El objetivo de esta obra, y de este capítulo en concreto, no es formar criadores sino dar unos conocimientos mínimos para quien desee que su perra se reproduzca en las mejores condiciones posibles. Antes de lanzarse a la aventura hay que preguntarse si se está suficientemente capacitado para llevarla a cabo y, naturalmente, saber quiénes se harán cargo de los futuros cachorros. Si no se cumple esta premisa, más vale ahorrarse las molestias y los problemas que recaerán en el animal, y dejaremos que sean otros quienes se dediquen a esta labor.

La contracepción

Al contrario de lo que se suele decir, el hecho de tener una camada no influye en el equilibrio de una perra, por lo que no debe temerse ningún trastorno importante en el caso de que se decidiese que no fuese madre.

J'gengis Khan de Brunalis e l'be de Nabissimo. *(Propiedad de los señores Chereau)*

Forban de la Bourbancay *mordiendo la manga en una prueba de ring. (Propiedad de Jacques Saad)*

¡Que gane el mejor! Maverick du Crepuscule des Loups y Latest Love de la Vallée des Noyeres *en plena carrera.* (Propiedad de Serge Delohen)

Idem du Clos du Faubourg a toda velocidad: el groenendael es un animal muy rápido. (Propiedad de Séverine Duchesne

La píldora

Permite evitar la fecundación durante un determinado periodo de tiempo. Este proceso químico, sin embargo, retrasa el celo pero no lo suprime. Dado que no es aconsejable dar la píldora continuamente a la perra, a partir del momento en que se le deje de dar el celo reaparecerá. Este método es útil para casos particulares: coincidencia con las vacaciones, presencia ocasional de un macho en la casa, etc.

La inyección anticonceptiva

Es un método también químico que se emplea unos meses antes del periodo de celo, después de un examen de los órganos reproductores del animal. Para que el tratamiento sea factible y carezca de riesgo, la perra debe haber tenido por lo menos un celo en la vida.

La esterilización

Es un método definitivo, porque la perra que haya sido esterilizada no podrá tener cachorros nunca más.

La ovariectomía

Consiste en la extirpación quirúrgica de los ovarios, que no deja ninguna secuela en el animal si se practica después de los primeros periodos de celo (en caso contrario la perra podría conservar un carácter juvenil).

La histerectomía

Consiste en la extirpación quirúrgica del útero y permite mantener una función hormonal normal. Es conveniente que la perra no sea montada inmediatamente después porque podría padecer desgarros. La ligadura de trompas permite mantener un comportamiento sexual normal.

En el macho, la castración puede comportar un aumento de peso y una pérdida de dinamismo, mientras que la vasectomía (ligadura del canal deferente) no provoca ningún cambio comportamental.

Nociones de fisiología

Antes de plantearse la reproducción del pastor belga, cualquier propietario debe tener unos conocimientos mínimos sobre la anatomía y el funcionamiento sexual de la especie canina.

El macho

El *escroto* es un saco situado entre los muslos que contiene los testículos. Posee un músculo que lo envuelve y, entre otras funciones, hace posible que se aloje en la región inguinal.

Los *testículos* tienen dos funciones. Por un lado secretan las hormonas masculinas, concretamente la testosterona, que influye en el desarrollo de los órganos genitales y en el de los caracteres sexuales secundarios (función endocrina) y, por otro, producen los espermatozoides que servirán para fecundar los óvulos (función germinal). Los testícu-

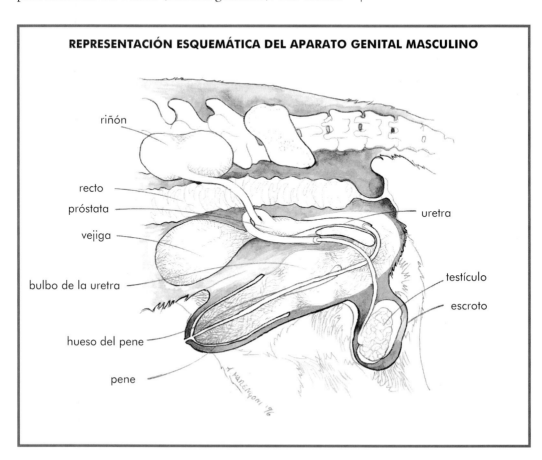

REPRESENTACIÓN ESQUEMÁTICA DEL APARATO GENITAL MASCULINO

riñón

recto

próstata

vejiga

bulbo de la uretra

hueso del pene

pene

uretra

testículo

escroto

los deben estar bien descendidos antes de la madurez del perro y es aconsejable verificar que estén en su lugar.

La monorquidia es la ausencia de un testículo, y la criptorquidia la ausencia de los dos testículos.

El *hueso del pene* es una particularidad del perro que le permite mantener la tonicidad de la verga durante el apareamiento. Es un hueso frágil y puede fracturarse cuando la perra está demasiado agitada, cuando el perro está excesivamente nervioso o cuando se intenta interrumpir el acto sexual por la fuerza. En caso de fractura, el perro debe hacer reposo; a menudo se queda estéril a consecuencia del *shock* físico y psíquico.

El *bulbo eréctil* es la parte que más se dilata durante la erección y que mantiene la verga dentro de la vagina durante el apareamiento, provocando un espasmo en la hembra.

El *epidídimo* es un conducto que conecta el testículo con el conducto deferente. Los espermatozoides maduran en su interior.

El *canal deferente* es el conducto que transporta los espermatozoides del epidídimo a la próstata. Es objeto de ligadura o de sección en caso de vasectomía. El perro conserva su instinto y sus capacidades sexuales, pero no puede reproducirse.

La *próstata* es una glándula situada en la base de la vejiga, pero su emplazamiento puede variar con la edad (en el joven se encuentra en una posición abdominal, en el adulto en posición pelviana y en el anciano vuelve nuevamente a la posición abdominal). Produce la parte más importante del volumen de la eyaculación del perro, a la que aporta dilución (la eyaculación no es igual que en los otros mamíferos, incluyendo el hombre). En efecto, en este último la mezcla de líquidos espermático y prostático tiene lugar durante la eyaculación, formando un esperma apto para la fecundación. En el perro, el esperma se forma en varias fases (véase recuadro sobre el proceso de la eyaculación, en la página siguiente).

La *uretra*: esta canal conduce los líquidos espermáticos y los líquidos prostáticos hasta el orificio del prepucio en el momento de la eyaculación.

La hembra

Los *ovarios*: producen gametos femeninos u ovocitos que se convierten en óvulos y posteriormente en embriones cuando son fecundados por los espermatozoides en el interior de las trompas.

El proceso de eyaculación

Erección: *la sangre se acumula en los tejidos eréctiles que, al llenarse de sangre, aumentan de volumen. La rigidez del pene permite la penetración en la vagina de la hembra.*

Eyaculación: *puede ser bastante larga (a veces supera los 30 minutos) y se efectúa «gota a gota». El proceso está dividido en tres fases:*

— *la fase uretral: dura entre 20 y 30 segundos y representa solamente el 2 % o el 3 % del volumen total. No puede fecundar a la perra porque no contiene espermatozoides: el líquido, expulsado en el momento en que estos últimos se mantienen en la uretra gracias a la presión del esfínter uretral, actúa como lubrificante;*
— *la fase espermática: puede durar hasta dos o tres minutos, y contiene entre el 2 % y el 8 % del volumen total. El esfínter uretral se relaja a sacudidas, proyectando un líquido espeso el cual está compuesto casi exclusivamente de espermatozoides y, por tanto, es muy fecundante;*
— *la fase prostática: es la fase más larga, que contiene el 90 % del volumen global. El líquido prostático realiza un lavado de las vías uretrales y permite la movilidad de los espermatozoides porque aporta fluidez a la mezcla.*

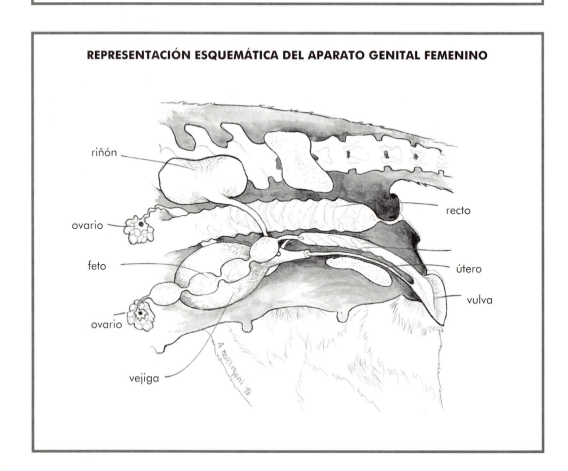

REPRESENTACIÓN ESQUEMÁTICA DEL APARATO GENITAL FEMENINO

riñón

ovario

feto

ovario

vejiga

recto

útero

vulva

También secretan hormonas que hacen posible los cambios necesarios para la reproducción, tanto en el plano físico como en el comportamental.

Las *trompas*: se encuentran en el saco ovárico, y es allí donde tiene lugar la fecundación. Posteriormente transportan los embriones al útero.

El *útero*: es de dimensiones muy reducidas cuando la perra no está en celo. Los embriones se alojan en los cuernos uterinos.

La *vagina*: es muy larga y acodada, y posee una característica propia de la perra: un músculo cilíndrico denominado esfínter que al contraerse aprisiona el miembro del macho y hace que la erección se prolongue.

El *ciclo estral*: el ciclo sexual de la perra suele tener lugar dos veces al año, y se divide en proestro, estro, mesoestro (o diestro) y anoestro:

— el *proestro*: constituye la primera fase del celo, y dura entre tres y quince días durante los cuales los folículos maduran en la superficie del ovario. Durante esta fase, la vulva se hincha y deja escapar un líquido hemático. Los machos se sienten muy atraídos, pero la hembra rechaza la monta;
— el *estro*: la duración puede variar de cinco a quince días. Después de la maduración de los folículos se produce la ovulación, en la que se liberan los ovocitos que en pocos días se convertirán en óvulos. El flujo hemorrágico se hace más claro y se sustituye por una secreción amarillenta que ejerce una gran atracción sobre los machos, que en este periodo la hembra acepta;
— el *mesoestro*: dura aproximadamente dos meses. En esta fase se secreta la progesterona en preparación de una posible gestación (cese de las contracciones del útero que permite a los posibles embriones desplazarse por la mucosa uterina, aumento de las dimensiones del útero, hinchamiento de las mamas, y a veces lactancia);
— el *anaestro*: esta fase dura una media de cuatro o cinco meses y corresponde al reposo sexual durante el cual el útero recupera las dimensiones reducidas.

El apareamiento

Es conveniente recordar algunas nociones simples pero importantes. Antes de la reproducción, ambos reproductores han de haber completado el desarrollo físico. Se impondrá un límite de dos coitos por semana al perro y una camada al

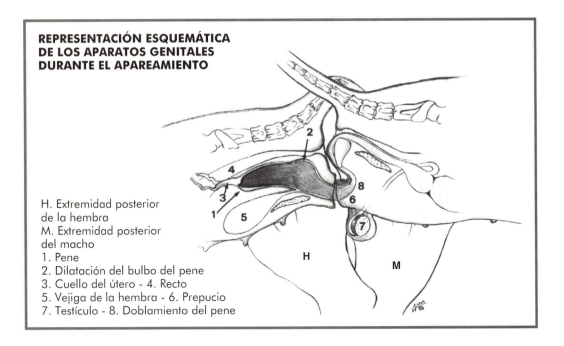

REPRESENTACIÓN ESQUEMÁTICA DE LOS APARATOS GENITALES DURANTE EL APAREAMIENTO

H. Extremidad posterior de la hembra
M. Extremidad posterior del macho
1. Pene
2. Dilatación del bulbo del pene
3. Cuello del útero - 4. Recto
5. Vejiga de la hembra - 6. Prepucio
7. Testículo - 8. Doblamiento del pene

año a la perra. Hay otras precauciones indispensables: el macho deberá haber sido desparasitado para evitar todo riesgo de infección; la hembra será revacunada CHLPPi (carré-hepatitis-leptospirosis-parvovirosis-parainfluenza) cuando se comprueba que está preñada, y así transmite a los cachorros una fuerte dosis de anticuerpos; antes de la vacunación será desparasitada.

El mejor momento para hacer montar la perra es entre el noveno y el decimosegundo día a partir del inicio del estro.

La reacción de la hembra cuando le presentan el macho es imprevisible. Para favorecer la relación, se procurará no precipitar los acontecimientos y evitar el estrés innecesario (por ejemplo, después de un viaje en automóvil, se dejará que el animal se distraiga un poco antes de presentarle a la futura pareja). Si la hembra acepta al macho,

Un buen producto de un esmerado cruce: Gladys des Perles Noires (Vick du Parc de l'Haÿ × Cinna du Périgord Vert). *(Cría, propiedad y fotografía de Cécile Couchet-Peillon)*

desplaza la cola hacia un lado en señal de consentimiento. Cuando el semental introduce el pene, los bulbos eréctiles se hinchan con el fin de mantener la presión.

Es necesario no descuidar la vigilancia mientras se está produciendo el apareamiento entre los dos animales porque la hembra puede intentar separarse bruscamente, con el consiguiente riesgo de fractura del hueso del pene.

En caso de que haga el ademán de separarse, habrá que recurrir a un procedimiento simple: sujetarla con firmeza.

El apareamiento puede durar bastante tiempo (ya que el macho puede tardar hasta media hora en eyacular), e independientemente de la duración hay que dejar que la pareja actúe siempre por iniciativa propia.

Para tener las máximas garantías de éxito es preciso que la hembra sea montada dos veces en el transcurso de cuarenta y ocho horas.

La inseminación artificial

Puede realizarse por varios motivos: para cruzar ejemplares sin obligarles a efectuar largos desplazamientos, para fecundar una hembra con esperma de un animal fallecido (con material seminal congelado) o simplemente para poder materializar la unión de dos ejemplares que no aceptan la monta natural.

La inseminación con material seminal fresco consiste en la extracción de esperma de un perro y su introducción en la vagina o en el útero mediante una sonda.

Para la inseminación con material seminal refrigerado, el esperma se enfría a 4 °C con una dilución líquida protectora y nutritiva.

La mezcla debe conservarse a la misma temperatura y utilizarse en un plazo máximo de cuarenta y ocho horas.

Para la inseminación con material seminal congelado, el esperma se diluye en un líquido protector y luego se conserva en nitrógeno líquido a muy baja temperatura.

La gestación

Diagnóstico

No existe una técnica infalible, pero los profesionales expertos pueden averiguarlo por medio de la palpación, que debe efectuarse entre la tercera semana y el trigesimoquinto día. El método más seguro es la ecografía, que puede practicarse a partir del vigesimoquinto día y que puede

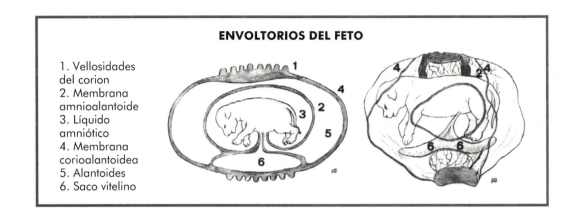

ENVOLTORIOS DEL FETO

1. Vellosidades del corion
2. Membrana amnioalantoide
3. Líquido amniótico
4. Membrana corioalantoidea
5. Alantoides
6. Saco vitelino

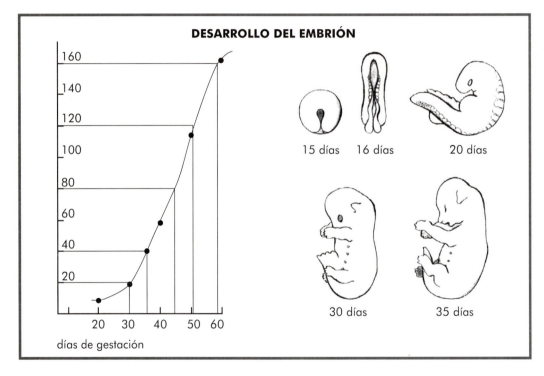

DESARROLLO DEL EMBRIÓN

días de gestación

15 días   16 días   20 días

30 días   35 días

permitir contar el número de fetos (aunque algunos quedan ocultos por otros).

A partir de entonces se puede dar a la perra una dieta adaptada a la gestación.

La radiografía puede realizarse a partir de los cuarenta y cinco días, si bien algunos facultativos la desaconsejan a causa de las radiaciones. De todos modos, no es conveniente realizarla antes, ya que los esqueletos de los fetos todavía no están calcificados y no pueden verse, con lo que la radiografía sería útil.

J'gengis Khan de Brunalis.
(Propiedad de los señores
Chereau)

El parto

Siempre que sea posible no dudaremos en solicitar la colaboración de alguien que esté familiarizado con los partos caninos, aunque sólo sea para evitar el estrés que se comunicaría inmediatamente a la perra. También es necesario informarse de los veterinarios de guardia y tener el número de teléfono a mano, ya que los nacimientos casi siempre tienen lugar de noche.

Será necesario preparar una «paridera» que se instalará en la estancia donde tengan que nacer los cachorros y pasar las primeras semanas. Deberá ser un lugar tranquilo, resguardado de las corrientes de aire y a una temperatura constante de 31 °C aproximadamente (22 °C a partir de la segunda semana). La temperatura se tomará en el punto donde tengan que estar los cachorros, es decir, a nivel del suelo. Hay que comprar o construir una caja relativamente grande para que la hembra pueda separarse un poco de los cachorros y se mueva sin aplastarlos. En el fondo de la caja se dispondrá papel de periódico (que es un aislante perfecto), recubierto de trapos o de virutas de pino (que alejan las pulgas), materiales todos ellos fáciles de sustituir. Casi ningún criador pone sólo papel de periódico, porque es una solución bastante sucia. Una semana antes, como mínimo, la perra deberá ir acostumbrándose a la estancia y a la caja.

Durante las horas previas al parto la perra adopta un comportamiento en el que se alternan periodos de inquietud y agitación con periodos de gran calma. También pide para salir a orinar frecuentemente, cosa que no deberemos impedirle. Entre doce y veinticuatro horas antes del parto la temperatura de la perra disminuye aproximadamente un grado, y no aumenta hasta poco antes de dar a luz. Estos indicios explican la necesidad de tomarle la temperatura mañana y noche a partir de una semana antes de la fecha prevista.

El momento del parto se aproxima y la perra está cada vez más excitada y jadea. Es el momento en que se debe mantener la serenidad e intentar tranquilizar a la perra, especialmente si es primeriza, a la espera de que se manifiesten las contracciones. Estas se aprecian en el abdomen, y la dilatación de la vulva permite observar una forma verdosa: es el cachorro, todavía con el envoltorio fetal. Cuando el nacimiento se desarrolla con normalidad, no es necesario intervenir y el cachorro sale rápidamente. En cambio, si el cachorro no pasa porque es demasiado grande o porque se presenta de pie, habrá que intervenir.

En el primer caso, hay que sujetarlo por el cuello entre dos dedos. Para ello la perra deberá estar de pie, y tiraremos hacia abajo y hacia atrás, firmemente pero sin sacudidas, sincronizando con las contracciones de la perra.

En el segundo caso, la técnica es idéntica, manteniendo una pata entre el pulgar y el corazón. Si el perro es tan grande que no permite aplicar esta técnica, la única solución es la cesárea. En la mayoría de los casos, este cachorro más grande de lo normal ya habrá sido observado gracias a la radiografía.

La madre rasga el envoltorio fetal con los dientes y seguidamente lame al cachorro, que se anima y gime. Si no lo hace la madre, la persona que asiste al parto deberá retirar el envoltorio fetal empezando por la cabeza. La operación consiste en romperlo con los dedos, en un tiempo de unos dos minutos. A continuación hay que cortar el cordón umbilical: primeramente lo ataremos con hilo de algodón a dos centímetros del vientre del pequeño; luego lo cortaremos con unas tijeras a un centímetro de la atadura. En caso de utilizar una pinza, habrá que esperar unos minutos antes de retirarla; el hilo de algodón se debe dejar. Por último desinfectaremos el corte.

En principio, la placenta se expulsa unos diez minutos después del cachorro. Sólo dejaremos que la perra coma una placenta, porque se ha comprobado que si se come varias, corre riesgo de intoxicación.

Una vez el primer cachorro ha nacido y la placenta ha sido expulsada, los hermanos y hermanas pueden llegar a intervalos muy variados (que pueden oscilar entre unos minutos y una o dos horas). Los cachorros tienen que bajar a los cuernos uterinos, hecho que explica en parte los tiempos de espera relativamente largos. Antes de dar a luz a cada cachorro, la madre se agita y parece nerviosa. Entonces podemos retirarle el anterior, y colocarlo en un rincón de la caja en donde la temperatura se mantiene por encima de 30 °C.

Así, habrá que atender uno a uno a los cachorros, si es necesario secándolos con toallas de algodón. A veces hay que poner el recién nacido boca abajo y sacudirlo hasta que grite.

Cuando el parto haya finalizado nos ocuparemos de la limpieza de la cama, que debe estar completamente seca. Pondremos un bebedero con agua fresca a disposición de la perra, en el exterior de la caja. A continuación dejaremos que la madre descanse y se ocupe de sus cachorros. Es importante que de vez en cuando la hagamos salir un rato (a veces hay que obligarla) para que haga sus necesidades, momento que aprovecharemos para limpiar.

La lactancia

La lactancia es un periodo particularmente exigente para la madre, ya que durante la primera semana los cachorros maman casi constantemente, y es la etapa en que debe aportarles cantidades muy importantes de sales minerales y de vitaminas, así como de calostro. Este último es un líquido opaco de color amarillento secretado por las glándulas mamarias que transmite defensas inmunitarias a los recién nacidos. A los ocho días cesa la producción de calostro. La alimentación de la perra ha de ser muy rica y, a ser posible, complementada con un complejo mineral y vitamínico.

La lactancia artificial

Se recurre a ella en casos extremos (enfermedad, producción de leche insuficiente), porque ponerla en práctica resulta agotador, ya que requiere mucha constancia y paciencia. Los cachorros han de ser alimentados aproximadamente cada dos horas, lo cual no es nada en comparación con la lactancia normal, puesto que cada cachorro en condiciones normales puede llegar a mamar más de veinte veces al día. Dejando de lado la exigencia de la periodicidad, en principio la lactancia artificial es bastante sencilla. El alimento que se suministra es leche maternizada, que se compra en polvo y se prepara siguiendo las instrucciones del fabricante, y se da con biberón.

El destete

El destete consiste en dejar la lactancia para pasar a una alimentación sólida. Este cambio se lleva a cabo de forma progresiva. Entre la segunda y la tercera semana se empieza a dar a los cachorros unas papillas especiales para ellos a base de carne cruda y arroz. Se empezará con una dosis al día sin que el cachorro haya dejado de mamar, y se aumentará la frecuencia hasta tres tomas diarias.

El veterinario nos aconsejará sobre la conveniencia de dar al cachorro un complemento diario de calcio y vitaminas.

Los cuidados sanitarios

Los cachorros han de ser desparasitados aproximadamente a las dos semanas de vida. Se aprovechará la ocasión para desparasitar también a la madre (que lo fue por última vez una semana antes de la fecha prevista para el parto). A los pequeños se les aplica un vermífugo cada dos meses hasta que cumplan seis meses, y posteriormente dos veces al año.

Las vacunas se administran siempre después del tratamiento antiparasitario. Actualmente existen vacunas polivalentes que se aplican a intervalos y en número variables, según la zona, la raza, el hábitat del animal y en general según el criterio del veterinario. En cualquier caso, debemos saber que a partir de las siete semanas los cachorros pierden la inmunidad que les había proporcionado el calostro materno. También a esta edad se efectuará el tatuaje, con pinza o dermógrafo, en el muslo o en la oreja.

Aptitudes del pastor belga groenendael

Un perro de trabajo y deportivo

El lector quizá se pregunte qué sentido tiene que un groenendael practique un deporte e incluso que trabaje.

La definición del término *deporte* que nos da el diccionario es la siguiente: «Actividad física, ejercida como juego o competición, cuya práctica supone entrenamiento y sujeción a las normas». En esta frase hay unas palabras clave:

— *el juego:* el perro que trabaja o el perro deportista es un perro que se divierte, y más en el caso del pastor belga, que es una raza que no tiene por costumbre pasarse el día durmiendo. La actividad física realizada junto al perro también será agradable para el amo y tendrá por efecto reforzar los vínculos de este binomio;

— *respeto a las normas:* el aprendizaje de unas reglas es beneficioso a todos los niveles en la vida del perro, y refuerza la buena educación. El perro aceptará más fácilmente las prohibiciones, porque será alentado y felicitado por otras acciones. Es lo que se denomina *canalizar* al perro;

— *actividad física:* al igual que en el ser humano, es indudable que la actividad física practicada inteligentemente y con mesura mantiene el cuerpo y la mente sanos. Permite mejorar la respiración, reforzar el sistema cardiovascular, mantener una línea armoniosa, etc.

En este capítulo el lector encontrará las nociones principales de cada una de las disciplinas tratadas. Es evidente que esto no bastará para convertir nuestro groenendael en un campeón. El siguiente paso para practicar un deporte canino es inscribirse en un club, en donde podremos seguir una línea de trabajo que nos evitará algunos errores y nos permitirá relacionarnos con otros aficionados, lo cual nos motivará a proseguir con el aprendizaje.

Como el deporte, «el trabajo aleja de nosotros los tres grandes males: la envidia, el vicio y la ambición» (Voltaire, *Candide*).

El *ring*

El *ring* es el deporte canino más conocido por el gran público e incluye ejercicios de mordida. En general el profano considera el ataque como un ritual bárbaro cuyo objetivo es desarrollar la agresividad del perro, y a veces no resulta fácil convencerle de que es todo lo contrario. Un perro que aprende a morder sólo lo hace cuando se le ordena, y, lo más importante, sabe detener el ataque o soltar la presa cuando su amo se lo indica. Un perro que tenga buenos resultados en el *ring* es un animal equilibrado que, justamente, tiene menos probabilidades de morder que un animal miedoso o frustrado, no canalizado y no controlado.

A título de ejemplo se podría establecer un paralelismo entre el *ring* y las artes marciales: ambas disciplinas consisten en aprender a pelear para controlarse y evitar hacerlo gratuitamente.

Una prueba de *ring* se desarrolla en tres fases, que se puntúan en aplicación de un baremo muy preciso. La calificación por parte de los jueces es importante porque a veces la clasificación se decide por cuestión de un metro o de un segundo.

Las tres secciones agrupan ejercicios de salto, de obediencia (basados en situaciones cotidianas) y de mordida.

Ejercicios de salto

EL SALTO DE LONGITUD

El perro ha de saltar una distancia determinada en una especie de plataforma basculante, que sirve para amortiguar la recepción del perro en caso de no superar el salto y para mostrar si la franquea o no.

El amo propone la distancia que estima que puede franquear su perro. El animal dispone de dos intentos; a partir del segundo se puede incrementar la distancia. La puntuación máxima se atribuye a los perros que superan los 4,50 m. Las puntuaciones para 3 m, 3,50 m y 4 m son 8, 12 y 16 puntos respectivamente. Este ejercicio se exige en los niveles II y III.

Prueba de ring. I'be de Nabissimo en el salto de longitud. (Propiedad de los señores Chereau)

Prueba de ring. I'be de Nabissimo en la empalizada vertical. (Propiedad de los señores Chereau)

SALTO DE EMPALIZADA

La empalizada está formada por una serie de planchas dispuestas verticalmente una encima de la otra. Estas planchas tienen una anchura de 10 cm, de modo que permiten regular la altura del obstáculo por franjas de 10 cm. La longitud de las planchas, y por tanto la del obstáculo, suele ser de 1,50 m a 1,90 m. Uno de los lados de la empalizada cierra un recinto de 4 m de longitud y 2,50 m de alto, que debe franquear el perro. Si consigue saltar una altura de 2,30 m, obtiene 20 puntos (10 por la ida y otros 10 por la vuelta); si salta 2,20 m, 18 puntos; de este modo, 2,10 m valdrán 16 puntos; 2 m, 14 puntos; 1,90 m, 12 puntos y 1,80 m, 10 puntos. Este ejercicio se realiza en los niveles II y III.

SALTO DE VALLA

Consiste en una simple valla de altura regulable. El animal que logra saltar 1,20 m (ida y vuelta) obtiene 20 puntos; si salta 1,10 m logra 16 puntos, y se adjudica 12 puntos si supera 1 m. Este ejercicio se exige en los niveles I, II y III.

Los ejercicios de obediencia

LA CONDUCCIÓN CON TRAÍLLA

El perro ha de seguir a su conductor a lo largo de un recorrido. No debe caminar por delante de la pierna del conductor, sin que para ello sea preciso tensar la traílla. Este ejercicio se exige en todos los niveles (elemental, I, II y III).

LA CONDUCCIÓN SIN TRAÍLLA

El ejercicio es igual que el anterior, pero sin traílla. Este ejercicio se exige en todos los niveles (elemental, I, II y III).

COBRO DE UN OBJETO LANZADO

El conductor debe lanzar un objeto a una distancia aproximada de 5 m. A la orden «busca, trae», el perro ha de ir a buscar el objeto, traerlo y sentarse al lado del conductor. Este ejercicio se exige en los niveles I, II y III.

COBRO DE UN OBJETO VISTO

El perro camina junto al conductor y este deja caer el objeto del bolsillo, prosiguiendo su camino fingiendo no haberse dado cuenta de la pérdida. Sin recibir ninguna orden, el perro debe recuperar el objeto en cuestión y entregarlo al conductor. Se exige en los niveles II y III.

COBRO DE UN OBJETO NO VISTO

El ejercicio se desarrolla igual que el anterior, si bien el hombre deja caer el objeto sin que el can se dé cuenta. Prosigue su «paseo» hasta el final, y luego se da la vuelta en dirección del objeto y da la orden «busca, trae». El perro ha de encontrar el objeto y entregarlo al conductor en un tiempo máximo de 30 segundos. Este ejercicio se exige en el nivel III.

LAS POSICIONES

El perro debe obedecer a las órdenes de posición que le da el conductor situado a una distancia de 18 m, sin cambiar de postura mientras no reciba la orden.

ENVÍO HACIA DELANTE

El conductor ordena al animal caminar hacia delante. Cuando llega a 30 m de distancia, el conductor lo llama y tiene que volver y ocupar la posición de base en menos de 30 segundos. Este ejercicio se exige en el nivel III.

RECHAZO DE ALIMENTO

El conductor se esconde, dejando al perro en posición sentada; un hombre aparece para tirar cuatro trozos de comida delante del perro, que debe permanecer inmóvil e ignorarlos. Los trozos de comida pueden ser diferentes y variados (un pedazo de carne, de queso, o un terrón de azúcar). Este ejercicio se exige en todos los niveles, con algunas diferencias en cuanto al número de cebos.

AUSENCIA DEL CONDUCTOR

El perro ha de permanecer en una posición preestablecida durante la ausencia de su amo por espacio de 1 minuto. Este ejercicio se exige en todos los niveles (elemental, I, II y III).

Los ejercicios de ataque y defensa

DEFENSA DEL CONDUCTOR

Un hombre vestido con el traje protector simula un encuentro y una breve discusión con el propietario del perro. Los dos hombres se separan, pero el atacante retrocede sobre sus pasos y empuja o golpea al dueño del animal. Este último ha de morder al agresor sin haber recibido ninguna orden y a pesar de las tentativas de esquivarlo por parte del figurante. El perro suelta al hombre al cabo de 10 segundos, por orden del dueño. Mantiene bajo su vigilancia al atacante e interviene si es necesario.

ATAQUE LANZADO

El atacante finge provocar al perro con la porra, y a continuación huye. Se gira a 30 metros de los participantes y gesticula con la porra, desafiante, momento en que el conductor ordena al perro atacar. Este ejercicio se exige en el nivel elemental.

ATAQUE MORDIENDO POR DELANTE

En principio, se desarrolla de manera similar al anterior, si bien en este caso el atacante se da a la fuga, luego se dirige al perro con una actitud intimidatoria con la ayuda de la porra y tiene la misión de adaptar la defensa en función de las disposiciones del animal: cargar, esquivar, etc.

Ness de Nabissimo con el motivador. (Propiedad de los señores Chereau)

I'be de Nabissimo en un ejercicio de defensa del dueño. (Propiedad de los señores Chereau)

Cuando el perro tiene la presa, el figurante debe sacudirlo. El ejercicio concluye cuando el conductor llama al animal (por orden del juez), que debe adoptar la posición base.

Este ejercicio se exige en los niveles II y III.

ATAQUE AL FIGURANTE CON REVÓLVER

El perro es lanzado al asalto de un hombre que efectúa dos disparos mientras el perro corre, luego otro cuando el perro efectúa la presa. Al recibir la orden suelta la presa, pero ataca nuevamente cada vez que se produce tentativa de fuga. Este ejercicio se exige en los niveles I, II y III.

ATAQUE MORDIENDO CON TENTATIVA DE HUIDA

Consiste en el mismo ejercicio que el ataque mordiendo por delante, con la diferencia de que el atacante continúa huyendo mientras el perro no le atrapa. Este ejercicio se exige en los niveles II y III.

Fase de guarda: vigilancia insistente del agresor e intervención en caso de necesidad. (Propiedad de los señores Chereau)

ATAQUE CON PARADA DELANTE DEL FIGURANTE

Es un ejercicio parecido al ataque mordiendo por delante, si bien en esta ocasión el perro no termina su ataque, ya que, por orden del dueño, debe detenerse delante de su atacante. En función de la precisión con que el animal realice este ejercicio, la punturación será mayor o menor. A pesar de su sencillez, siempre hay un momento en que los espectadores contienen la respiración. Este ejercicio se exige en el nivel III.

BÚSQUEDA Y ACOMPAÑAMIENTO DEL ATACANTE

El atacante está escondido en uno de los seis parapetos *(reviers)* situados en el perímetro del terreno. El conductor ordena al perro que busque al falso malhechor. El animal deberá ladrar cuando lo descubra sin tocar al figurante escondido, y haciendo caso omiso de las detonaciones. El perro sólo deberá morder si hay tentativa de fuga. Este ejercicio se exige en los niveles II y III.

CUSTODIA DE UN OBJETO

El perro debe impedir que el atacante se adueñe de un objeto que le ha confiado su amo.

Si no lo logra pierde todos los puntos; en cambio, gana puntos si logra mantener en su poder el objeto (un cesto, por ejemplo), sin haberlo desplazado durante el tiempo que se estime necesario. Normalmente la técnica que se enseña al perro consiste en colocar las patas anteriores delante, dentro o sobre el objeto que debe custodiar.

Se trata de un ejercicio que se suele exigir al animal en el nivel III.

Forban de la Bourbancay *custodiando un objeto.* *(Propiedad de Jacques Saad)*

Prueba de ring. Forban de la Bourbancay mordiendo la manga. (Propiedad de Jacques Saad)

Las pruebas de campo (campagne)

Las pruebas de campo son en cierta manera la aplicación práctica de las pruebas de *ring*. La diferencia es que no se desarrollan en un terreno delimitado, sino en espacios abiertos, que los participantes desconocen por completo, con obstáculos naturales y olores inesperados. Esto implica que no es imposible presentarse con un animal «programado», ya que las situaciones pueden ser diversas y sorprendentes.

Los saltos

Están materializados por obstáculos naturales, o por lo menos que se pueden encontrar fácilmente en la vida cotidiana: fosos, arroyos, setos de arbustos. La empalizada es más baja (2 m en lugar de 2,30) pero no es más fácil de superar, ni en lo que se refiere a los saltos de altura ni a los de longitud, ya que el soporte no presenta forzosamente buenas presas y no es obligatoriamente uniforme.

El cobro de objetos

Se lleva a cabo en el agua, y por lo tanto el perro no puede temerla. La primera vez, el objeto se lanza al agua mientras el perro observa la acción, pero la segunda vez debe buscar un objeto que no ha visto caer al agua.

Envío hacia delante

El perro tiene que nadar en línea recta hasta que el conductor le llame.

Las posiciones

El perro debe mantenerlas entre 1 y 2 minutos en ausencia de su propietario. Es preciso distraer al animal.

Defensa del conductor

Hay dos ejercicios. El primero es parecido al equivalente en *ring*, y el segundo se realiza con bozal para comprobar si el perro defendería a su amo en tales condiciones.

Búsqueda del atacante

En las pruebas de campo, la búsqueda se parece mucho a las pruebas de rastreo. Dadas las posibilidades de esconderse, el perro está obligado a utilizar el olfato. La distancia es más larga.

Los ataques

Las armas que el atacante puede esgrimir para impresionar al perro son numerosas y variadas: escoba, cazuela, regadera, paraguas, etc.

Los ataques con parada

Además de las pruebas que se realizan en las competiciones de *ring*, hay que preparar otra más, en la que el atacante, después de enfrentarse al animal, huye.

Custodia de un objeto

En este caso también intervienen más complementos, tanto en lo que respecta al objeto de la custodia (bicicleta, por ejemplo), como en lo que se refiere a los recursos que se pueden utilizar con la finalidad de distraer o atemorizar al guardián.

El *agility*

El *agility* es una disciplina nacida a finales de los años setenta. En 1977, John Varley, miembro del comité de exposición del Cruft's (el certamen canino más importante de Inglaterra), encargó a Peter Meanwell la creación de un espectáculo canino que sirviera para animar determinados momentos de la exposición. El *agility* nacía como un *jumping* adaptado a los perros.

La primera demostración en público se celebró en el Cruft's en enero de 1978, y tuvo un éxito absoluto. En 1979, después de la segunda experiencia, de nuevo en el Cruft's, el Kennel Club inglés, interesado en esta nueva disciplina, editó las primeras reglas del juego (inicialmente el *agility* estaba considerado, y todavía hoy debe estarlo, como un juego en el que los protagonistas son los perros, los amos y los espectadores).

Hoy en día se practica en todo el mundo, y rara es la exposición en la que no se incluye como un complemento de las pruebas de trabajo.

El *agility* consiste en un recorrido con obstáculos que el perro debe franquear en un orden determinado y lo más rápidamente posible, siguiendo las indicaciones de su guía, que no puede tocar al perro ni los obstáculos. Este deporte implica un entendimiento perfecto entre el perro y el conductor, y en numerosas ocasiones puede verse un excelente espectáculo en el que predominan la complicidad, la vitalidad, la iniciativa y la capacidad de reacción.

Esta disciplina es muy adecuada para perros como los pastores belgas, vivaces, obedientes, con ganas de jugar y muy ágiles. El groenendael destacará en esta actividad, pero no olvidemos que es unos de los deportes caninos menos elitistas (junto con el *canicross*, el *flyball*, etc.) en los que el sentido lúdico es primordial.

Extractos del reglamento de *agility* elaborado por la Federación Española de *Agility* y Educación Canina (FEAEC)

Recorrido

La superficie necesaria para la colocación de un recorrido de *agility* debe tener 20 × 40 m aproximadamente, si bien las dimensiones recomendables son 30 × 40 m.

El recorrido propiamente dicho tendrá una longitud máxima de 200 m y estará compuesto como máximo por 20 obstáculos, según la categoría de la prueba (por ejemplo, la clase I Estándar y Mini tendrá de 10 a 15 obstáculos y una longitud entre 100 y 180 m; la clase II Estándar y Mini tendrá de 15 a 20 obstáculos y una longitud entre 150 y 200 m).

Los obstáculos dobles (que se franquean con un único salto) tendrán una separación total máxima de 55 cm para Estándar y 35 cm para Mini.

Las combinaciones de dos o tres saltos contarán como un solo obstáculo, pero cada elemento será juzgado independientemente. La distancia máxima entre los saltos será de 3,5 m. Estas combinaciones sólo pueden realizarse con el panel de barras paralelas.

La distancia entre dos obstáculos consecutivos será mayor de 5 m, tomando como medida normal 7 m. Dicha distancia puede reducirse a 3,5 m solamente cuando los obstáculos están en ángulo de 90° aproximadamente.

El trazado se deja enteramente a la imaginación del juez, pero deberá tener como mínimo dos cambios de dirección y cumplir con las normas de colocación.

Un trazado bien realizado ha de permitir al perro evolucionar con soltura y sin tropiezos. No está permitido efectuar ningún tipo de entrenamiento dentro del trazado. Sólo el guía, sin perro, podrá reconocer el recorrido cuando el juez lo autorice.

TIEMPO DE RECORRIDO ESTÁNDAR (TRS) Y TIEMPO MÁXIMO DE RECORRIDO (TMR)

El criterio que sirve de base para la determinación del TRS es la velocidad expresada en metros por segundo que se ha establecido para la realización del recorrido. Esta elección la hará el juez en función del nivel de la prueba, tipo de terreno y complejidad del recorrido. El TRS, en segundos, se obtendrá dividiendo la longitud del trazado por la velocidad de ejecución (en m/s) establecida, y añadiendo el tiempo de parada en la mesa.

Ejemplo: para un circuito de 150 metros y una velocidad elegida de 2,5 m/s, el TRS será un total de 60 segundos (150 ÷ 2,5) más el tiempo de parada en la mesa.

El TRM no podrá superar el doble, ni estar por debajo del factor 1,5 en relación con el TRS.

DESARROLLO DE LA COMPETICIÓN

Antes de iniciar el recorrido, el conductor sitúa al perro detrás de la línea de salida y le quita la correa y cualquier tipo de collar, que está prohibido por motivos de seguridad.

El conductor puede ocupar la posición que quiera dentro de la pista a partir del momento en que el juez le autorice el inicio del recorrido; a continuación podrá dar la voz o señal de partida al perro. El cronometraje se inicia cuando el perro franquea la línea de salida (actualmente muchas instalaciones disponen de células fotoeléctricas). El cronómetro se detiene cuando el perro franquea la línea de llegada.

CLASIFICACIONES

La finalidad del recorrido es hacer que el perro (conducido por su guía) pase el conjunto de los obstáculos, en el orden indicado, sin fallos y dentro del TRS (límite de tiempo).

El TRS es sólo una referencia, y en ningún caso la velocidad se considera como criterio principal, salvo en caso de igualdad en las penalizaciones por faltas y rechazos. El *agility* no es una disciplina de velocidad, sino un concurso de habilidad y destreza. En caso de empate en penalizaciones totales, queda mejor clasificado el equipo que tiene menor número de penalizaciones por faltas y rechazos. Si, por casualidad, dos perros estuviesen empatados en penalizaciones y en tiempo, el juez puede ordenar una manga de desempate.

Se aplican dos tipos de penalizaciones: penalizaciones por faltas de recorrido (5 puntos por cada falta o rechazo) y penalizaciones por exceder el TRS (1 punto por cada segundo de más).

Faltas generales

El conductor no puede pasar entre los postes de salida y de llegada. Si lo hace será penalizado con 5 puntos y, además, el cronómetro se pondrá en marcha a partir de su paso. El conductor no puede tocar al perro durante el recorrido (5 puntos por cada contacto). El conductor no puede tocar voluntariamente un obstáculo (5 puntos cada vez).

Faltas relativas a los obstáculos

Cada falta se sanciona con una penalización de 5 puntos.

Derribos: se considera derribo la caída de cualquiera de los componentes del obstáculo franqueado, incluso después de haber pasado el perro y hasta que este haya franqueado el siguiente obstáculo.

Rechazo: se considera rechazo pararse o retroceder delante de un obstáculo, franquearlo lateralmente, saltar entre el marco y el aro o rueda, realizar el salto de longitud andando o saltar saliendo lateralmente entre los postes delimitadores, introducir la pata o la cabeza dentro de un túnel que toque realizar y acto seguido retirarse.

Zonas de contacto obligatorias: en la empalizada, el balancín y la pasarela, el perro debe poner obligatoriamente una pata en las zonas de contacto, tanto en la subida como en la bajada.

En caso de rechazo, el conductor siempre tiene que hacer volver a su perro al principio del obstáculo rehusado;

de lo contrario, será eliminado al abordar el obstáculo siguiente. Lo mismo se aplica si el perro no completa el eslalon.

Para las otras faltas, como, por ejemplo, derribos de obstáculos, o faltas en zonas de contacto, se aplica penalización pero el perro continúa el recorrido.

Faltas propias de cada obstáculo

La mesa: el perro deberá efectuar una pausa obligatoria de aproximadamente 5 segundos, en la posición indicada previamente por el juez; en clase I «acostado»; en clase II el juez decide por sorteo o por decisión propia antes de la prueba la posición indicada, que podrá ser la de sentado, acostado o de pie, sin necesidad de quedarse estático. Una vez el perro haya subido correctamente por el lado A, B o C, cada vez que baje antes de finalizar la cuenta atrás o antes de la orden del juez, será penalizado con una falta y el juez dejará de contar hasta que el perro vuelva a subir (por cualquier lado) y esté correctamente en la posición preestablecida (eliminación si no vuelve a subir y aborda el obstáculo siguiente).

Si al subir correctamente el perro cae o patina de la mesa y vuelve a subir por el lado D, se le penalizará por

Diana en la mesa, conducida por François Besse en el campeonato de Francia de agility, celebrado en Longchamp en 1998

Foesby de Nabissimo en el balancín. (Propiedad de los señores Chereau)

Helliot completando el eslalon, conducido por Claude Lebranchu en el campeonato de Francia de agility, celebrado en Longchamp en 1998

haber bajado de la mesa antes de finalizar la cuenta atrás (una falta cada vez, pero no se contará como rechazo ya que en el acceso inicial, el perro había accedido por un lado correcto).

La pasarela: el perro que salta del obstáculo antes de haber tocado con las cuatro patas la rampa de descenso será penalizado con un rechazo.

El balancín: el perro que salta del balancín antes de haber sobrepasado con las cuatro patas el eje de balanceo será penalizado con un rechazo.

El perro que salta del balancín antes de que el extremo descendente esté tocando al suelo está penalizado con falta.

La empalizada: el perro que salta del plano inclinado antes de haber tocado con las cuatro patas la rampa descendente será penalizado con un rechazo.

El eslalon: en la entrada el primer poste tiene que quedar a la izquierda del perro, el segundo a su derecha, y así sucesivamente, debiendo quedar el último poste a la derecha del perro. En caso de mala salida será penalizado con un rechazo; si se salta una puerta, será penalizado con una falta. En todos los casos el conductor deberá hacer volver al perro al lugar del fallo en caso de falta, o al inicio del obstáculo si se trata de un rechazo. En el eslalon sólo se penalizará una falta con 5 puntos aunque se cometan varias.

El salto de longitud: saltar saliendo lateralmente, pasar al lado del obstáculo o realizarlo andando se considerará como un rechazo y se penalizará con 5 puntos. Pisar cualquier elemento o colocar las patas entre los elementos después de haber iniciado el salto será penalizado como falta.

Los caballetes: se considera falta el derribo de uno y rechazo detenerse, retroceder o desviarse lateralmente en cualquier caballete.

Las combinaciones de dos o tres vallas (saltos): cada uno de los componentes que constituyen el agrupamiento se juzga independientemente. Las penalizaciones por rechazos y faltas se suman en cada uno de los componentes. En caso de rechazo en cualesquiera de los elementos, es obligatorio comenzar de nuevo la combinación desde el principio.

Casos de fuerza mayor

Por causas ajenas al equipo participante (caída accidental de obstáculos, tejido del túnel enrollado, otro perro en la

124

pista, etc.) el juez puede optar por detener la prueba y el cronómetro.

Una vez subsanado el problema, el juez volverá a poner en marcha rápidamente el cronómetro y permitirá que el perro prosiga desde el lugar exacto en donde había sido detenida la prueba.

Si el juez no ha detenido el cronómetro, podrá hacer que se repita el recorrido desde el principio. Todas las penalizaciones impuestas antes seguirán en vigor, y no se contarán las penalizaciones adicionales; sin embargo, existe una excepción a esta norma: se penaliza cuando el guía provoque faltas no computables del segundo recorrido para ganar tiempo.

CATEGORÍAS

Los equipos de *agility* se encuadrarán en las siguientes categorías: clase I y clase II. La diferencia entre ellas viene dada por la dificultad del trazado, la longitud del recorrido y la velocidad de ejecución que determina el tiempo del recorrido.

MODALIDADES DE *AGILITY*

Según la talla de los perros, las competiciones oficiales comprenden dos modalidades diferentes: la *mini* y la estándar.

La *mini agility* está reservada para equipos con perros de talla inferior a 40 cm de altura hasta la cruz. Esta modalidad se rige por el mismo reglamento que la modalidad estándar, si bien los obstáculos tendrán que adaptarse a las normas definidas para la modalidad (la altura de las vallas, el muro y la mesa será de 40 cm). En cuanto al aro, la altura del eje de la rueda es de 55 cm o en su lugar de 40 cm desde el suelo hasta la parte inferior interior del aro o rueda.

La *agility* estándar, en cambio, ha sido concebida para equipos con perros de talla superior a 40 cm de altura hasta la cruz.

Los equipos de *mini agility* podrán escoger la modalidad en la que deseen participar (mini o estándar), pero una vez hayan participado en la modalidad elegida no podrán cambiarla hasta la siguiente temporada. Si solicitasen el cambio antes de concluir la temporada perderían todos los puntos obtenidos en la modalidad en la que participaban anteriormente.

- *Desconsideración hacia el juez.*
- *Brutalidad con el perro.*
- *Sobrepasar el TRM.*
- *Al tercer rechazo, en la totalidad de la manga.*
- *Abordar los obstáculos en un orden distinto al previsto.*
- *Saltarse un obstáculo.*
- *Abordar los obstáculos en sentido contrario.*
- *Que el conductor supere él mismo un obstáculo.*
- *Que el conductor lleve algo en la mano.*
- *Que el conductor vuelva a colocar al perro en la línea de salida después de que este la haya cruzado.*
- *Que el perro lleve collar.*
- *Que el equipo se detenga sin orden del juez.*
- *Que el perro abandone o intente abandonar el terreno o deje de estar bajo el control de su guía.*

OBSTÁCULOS

Los obstáculos homologados por la FCI son los siguientes: las vallas, el viaducto o muro, la mesa, el túnel rígido, el balancín, la empalizada, el eslalon, la pasarela, el aro o rueda, el salto de longitud, la ría y el túnel ciego o flexible.

Los obstáculos han de tener las dimensiones que se detallan a continuación.

Foesby de Nabissimo *en la rueda.*
(Propiedad de los señores Chereau)

Looping en la empalizada, conducido por Cédric Serra en el campeonato de Francia de agility, celebrado en Longchamp en 1998

Diana en la empalizada, conducida por François Besse en el campeonato de Francia de agility, celebrado en Longchamp en 1998. Quedó tercera en la clasificación general de segundo grado, siendo el primer groenendael

Las vallas simples

Altura: 60 cm (5 cm en más o en menos). Altura en *mini agility*: 40 cm. Anchura: 120 cm.

Las vallas dobles y triples

Se colocarán en orden ascendente con una diferencia de altura de unos 20 a 25 cm, quedando situada la parte más alta en la parte posterior a una altura máxima de 60 cm (tolerancia de 5 cm en más o en menos). Para *mini agility* la altura máxima será de 40 cm. La separación total no podrá superar 55 cm para la modalidad estándar y 35 cm para la *mini*.

El viaducto o muro

Ambos constan de un panel liso, pero el viaducto puede tener aberturas en forma de túnel. En la parte superior se colocarán varias unidades móviles en forma de teja. La altura oscila entre los 55 y los 65 cm para la modalidad estándar, mientras que para la *mini* es de 40 cm. La anchura y el espesor de las paredes serán, en ambas modalidades, de 120 y 20 cm, respectivamente.

La mesa

La superficie mínima debe ser de 90 × 90 cm y la máxima, de 120 × 120 cm. La altura será de 60 cm en la modalidad estándar y de 40 cm en la *mini*.

La pasarela

La altura mínima es de 120 cm y la máxima de 135 cm. La anchura del puente de paso mide 30 cm como mínimo y 40 cm como máximo. La longitud oscila entre los 360 y los 420 cm. Las rampas tendrán pequeños listones perpendiculares al sentido de la marcha, dispuestos cada 20 o 30 cm para facilitar el acceso y evitar deslizamientos.

El balancín

La anchura mínima será de 30 cm y la máxima de 40 cm, mientras que la longitud oscilará entre los 365 y los 425 cm. La altura del eje con respecto al suelo es 1/6 de la del tablón.

La empalizada

Está compuesta de dos paneles que forman un ángulo de 90° aproximadamente. La altura máxima con relación al sue-

Fiona saltando el panel de barras paralelas, conducida por Jean-Claude Deschamps en el campeonato de Francia de agility, celebrado en Longchamp en 1998

Ness de Nabissimo con su propietaria, en un momento de recreo entre las pruebas. (Propiedad de los señores Chereau)

Frac du Pré Saint Florent en un momento de reposo, que permite admirar su magnífico manto negro. (Propiedad de Marie-Paule Erb)

lo oscila entre los 170 y los 190 cm. La anchura, de 90 cm, puede aumentarse en la base hasta 115 cm. Las rampas estarán provistas de listones clavados a espacios regulares de entre 30 y 50 cm para facilitar el acceso y evitar deslizamientos.

El eslalon

Está constituido por 8, 10 o 12 palos, de una altura máxima de 100 cm y dispuestos con una separación de 50 a 65 cm.

El túnel rígido

Debe ser de material flexible que permita formar una o varias curvas. La longitud será de 3 a 6 m, y el diámetro interior, de 60 cm.

El túnel ciego o flexible

La entrada viene dada por un aro rígido de 90 cm de largo, 60 cm de alto y de 60 a 65 cm de ancho. La longitud de la lona es de 300 a 350 cm.

El aro o rueda

El diámetro de abertura debe ser de 38 cm como mínimo y de 60 cm como máximo. La distancia del eje del neumático con respecto al suelo es de 90 cm. En la modalidad *mini*, será de 55 cm, o bien habrá de estar a una altura de 40 cm desde el suelo hasta la parte inferior del interior del aro.

El salto de longitud

Está compuesto por cuatro o cinco elementos separados unos de otros con el fin de obtener un salto de 120 a 150 cm (en la modalidad *mini* será de 60 a 75 cm). La longitud de los elementos será de 120 cm, y la anchura de 15 cm. La altura de los elemento será de 28 cm para el más alto y 15 cm para el más bajo. Los elementos se colocarán ligeramente en declive. Las cuatro esquinas se delimitarán siempre mediante postes de 120 cm de altura aproximadamente con una protección en la parte superior.

Los caballetes

Su anchura será de 120 cm y su altura de 30 cm. Se colocarán tres o cuatro entre los que mediará una distancia uniforme que puede oscilar entre los 160 y los 200 cm.

CLASIFICACIÓN FINAL

La clasificación final se hará teniendo en cuenta la penalización total «con decimales» (penalizaciones por recorrido + penalizaciones de tiempo), estableciéndose la clasificación final en relación con el equipo que tenga menos puntos de penalización total.

En caso de empate en la penalización total, se clasificará primero el equipo que tenga menos penalizaciones por recorrido.

Si persistiese el empate, se tendrá en cuenta la suma del tiempo realizado en todas las mangas, clasificándose en primer lugar el equipo más rápido.

Los concursos de perros de pastor con ovejas

Antes de considerarse un deporte, la conducción de animales de granja fue durante mucho tiempo una necesidad. Los pastores empezaron a adiestrar y a seleccionar los perros en los siglos XV y XVI. Las tareas que se asignaban a los perros consistían en ayudar en la conducción del ganado durante el pastoreo, impedir que se desviara a las parcelas cultivadas o evitar que los atropellase algún vehículo. No hay que confundir estos perros conductores de rebaños con los guardianes como el montaña de los Pirineos, los leonberger, los pastores del Cáucaso y otros dogos del Tíbet, molosoides cuya misión era defender el ganado de los ataques del lobo, del oso o de cualquier otro predador potencial.

Las primeras pruebas con carácter deportivo se celebraron en Inglaterra y en Escocia hace mucho tiempo. En Gales se celebró la primera prueba en 1873, y fue organizada por Lloyd Price, en Bala. En ella se dieron cita diez perros y unos trescientos espectadores. En aquella época los únicos perros que participaban eran el collie y el border collie.

El Club del Pastor Belga organizó su primer concurso los días 1 y 2 de mayo de 1892, en los locales del mercado de Cureghem. El primer premio lo obtuvo un pastor belga groenendael, *Milord*, de cuatro años, propiedad de M. van Bogget.

En Francia, el primer concurso de conducción de rebaño tuvo lugar en Chartres en 1896, por iniciativa del Club Francés del Perro de Pastor. Hoy en día es bastante raro ver un groenendael competir en concursos de rebaño, puesto que los perros más utilizados son el border collie, el beauceron, el pastor briard y el *gos d'atura* catalán. Sin embargo, nada impide iniciarnos en esta disciplina con un pastor belga e incluso participar en concursos oficiales. Los pastores belgas han conservado su instinto de conductores, a pesar de haber sido orientados a otras disciplinas. Como ya hemos tenido ocasión de explicar, esto se comprueba porque al pasear en grupo el perro tiende a describir círculos alrededor del mismo.

Extracto del reglamento de los concursos de perros de rebaño

RECORRIDO

El recorrido, marcado en un terreno de dos a tres hectáreas, tendrá una longitud de 700 a 800 m, a lo largo de la que se dispondrán los diferentes obstáculos, que requerirán un tiempo medio de ejecución de 25 a 30 minutos. Las pruebas se dividen en cinco fases.

Cercado

La salida debe ser el resultado del trabajo del perro que actúa siguiendo las órdenes de su amo; debe efectuarse con calma y el control ha de hacerse efectivo con inmediatez. La entrada debe ser el resultado del trabajo del perro, que actúa siguiendo las órdenes de su amo; debe efectuarse con calma y sin atropello. Protección y salto: el conductor ha de simular que va a dar de comer mientras rodea la cerca. Al principio o al final del ejercicio, para proteger la entrada o la salida del cercado, el conductor deberá colocar el perro entre el rebaño y la puerta, que él franqueará dejando el perro en vigilancia; después de cerrar la puerta, llamará de nuevo al perro, que deberá saltar una valla (de un metro de altura aproximadamente).

Pasajes difíciles

El recorrido ha de incluir como mínimo dos pasajes difíciles, o tres, lo más naturales posible. Por ejemplo: pasaje estrecho o entre cultivos, vallas o barreras entre dos campos o paso de un puente o de una estación de clasificación. Pasar lateralmente o saltarse directamente el obstáculo comporta la pérdida de todos los puntos atribuidos al pasaje en cuestión.

Conducción y maniobra

El trabajo de pastoreo consiste en hacer pastar el rebaño en un prado natural o preparado para la ocasión cuyos límites están indicados por cuatro postes en los ángulos (12 × 12 m para los grupos de 50 a 70 cabezas y 15 × 15 m para los grupos más numerosos).

La contención del rebaño y apresamiento de una oveja se realiza de la siguiente manera: cuando el rebaño está inmovilizado y tranquilo, dentro del espacio indicado, el conductor deberá apresar una oveja designada dentro del grupo. Durante el tiempo que dura la operación, el perro ha de contener al resto del rebaño dentro del espacio permitido, si es posible por su propia iniciativa.

Trabajo a distancia

Después de haber liberado la oveja capturada y reagrupado si fuese necesario las ovejas dentro de los límites indicados, el conductor deberá confiar su control al perro y presentarse al *jury*, situado a un mínimo de 50 m.

Paradas del rebaño

El perro ha de ser capaz de detener el rebaño en cualquier circunstancia. El recorrido incluirá obligatoriamente un mínimo de dos paradas que coincidan con un límite natural (carretera, camino, barrera, cultivo, etc.). La parada del rebaño tiene que ser realizada no por el conductor, sino por el perro, que ha de encontrarse delante del mismo. Cuando el rebaño se haya inmovilizado y el conductor compruebe que el paso no conlleva ningún peligro, la nueva puesta en marcha debe producirse rápidamente pero sin atropellos. Para ello el perro debe rodear el rebaño y moverlo desde detrás, o por lo menos controlándolo desde uno de los lados. El incumplimiento de la parada comporta la pérdida de todos los puntos atribuidos a este ejercicio.

INTELIGENCIA DE LA EJECUCIÓN

En este apartado, que se divide en tres rúbricas, el *jury* debe calificar la síntesis del recorrido:

— órdenes: pueden darse con la voz, gestos o silbando. El *jury* valorará el vocabulario empleado, la nitidez de la orden, la energía, la entonación y el número;
— obediencia;
— actividad, inactividad y tacto: en los movimientos se debe expresar la superioridad del perro.

Salvo en caso excepcional, el perro de pastor no debe morder a ningún animal, y la brutalidad ha de ser penalizada severamente. Se admite un pinzamiento breve únicamente en caso de necesidad. Las mordidas flagrantes e injustificadas son motivo de descalificación inmediata si el perro pone en riesgo a las ovejas.

CALIFICACIONES

En la clasificación se otorgará al perro una calificación según el baremo siguiente: *excelente* por un 75 % de la puntuación máxima posible; *muy bueno* por un 60 % de la puntuación máxima posible; *bueno* por un 50 % de la puntuación máxima posible.

DIPLOMAS Y TÍTULOS

En las pruebas de trabajo se concede:

— el *diploma de trabajo con rebaño*: las pruebas son las mismas que las del concurso y el perro debe haber obtenido un mínimo del 50 % de los puntos en cada una de las pruebas, con un total mínimo del 75 % de los puntos;
— el *certificado de aptitud para el campeonato de trabajo con rebaño* (CACT) y la correspondiente reserva (RCACT), con la condición de que los perros clasificados primero y segundo totalicen al menos el 80 % de los puntos;
— el *campeonato de trabajo con rebaño*: la obtención de tres CACT concedidos por dos jueces distintos dan derecho al título de campeón de trabajo con rebaño con la condición de que el perro haya obtenido también la calificación *muy bueno* al menos en una exposición;
— el *campeonato de Francia de conducción de rebaño* no es homologable si el vencedor no obtiene como mínimo

el 75 % de los puntos en cada prueba, sin empates, y no ha obtenido al menos la calificación *muy bueno* en un plazo máximo de seis meses a partir de la fecha del concurso en una exposición en donde el certificado de aptitud de conformidad al estándar (CAC) esté en juego. En algunos países —como, por ejemplo Francia—, el *jury* está formado por tres jueces, dos de los cuales han de estar cualificados;

— el *TAN «R»* (test de aptitudes naturales «rebaño») permite poner en evidencia las cualidades físicas y caracteriales, así como las aptitudes de pastor.

Canicross y caniciclocross

Son quizá las disciplinas caninas que requieren un aprendizaje menos técnico. Sin embargo, se desarrollan en contacto con la naturaleza y están abiertas a todo tipo de participantes, aficionados, competidores, hombres y mujeres, adultos y niños, etc.

Si nos gusta vivir en plena naturaleza con el perro, por bosques, llanuras, por perfiles de terrenos fáciles o accidentados, bajo el sol de verano o bajo la lluvia, o si preferimos montar en la bicicleta o calzarnos las zapatillas de correr, el canicross y el caniciclocross están hechos a nuestra medida. Estas actividades simples y saludables requieren poca inversión, pero una dosis importante de energía y de esfuerzo físico. A cambio repercutirán positivamente en nuestra salud porque representarán la actividad física necesaria para gozar de una vida equilibrada. Esta consideración también es aplicable a nuestro compañero de equipo, que deberá medirse con perros de cualquier clase y raza, puesto que en algunas federaciones se aceptan perros sin papeles.

Evidentemente, entre las razas con mayor predisposición para el canicross y el caniciclocross figuran los perros de trineo, pero su primitivismo les hace ser menos eficaces que otros, ya que al fin y al cabo cuando tiran de un trineo no dejan de ser perros de jauría. En cambio, los perros de caza destacan en estos deportes, concretamente los pointer y los bracos alemanes. Los perros de pastor también son muy competitivos: ¿cuántos kilómetros podían llegar a hacer cada día custodiando rebaños, con aceleraciones y cambios de ritmo, en terrenos con todo tipo de desniveles?

El pastor belga es un excelente corredor y, además, como le gusta dar satisfacción al amo y es obediente, será muy adecuado para los canicross y los caniciclocross. Sin embargo, este tipo de deportes son exigentes tanto física como mentalmente, y requieren un entrenamiento progresivo. Si no se está acostumbrado a los esfuerzos físicos, es aconsejable empezar con simples paseos. Progresivamente se introducirán pequeños tramos de carrera, para terminar participando en una competición. Hay muy buenos libros sobre entrenamiento para hombres, pero para el perro, lo mejor sería inscribirse en un club. El canicross es el equivalente al atletismo de fondo, en el que el estilo de vida es tan importante como los resultados; la competición se vive como un acontecimiento en el que las marcas no son un fin en sí mismas.

Quien desee practicar estos deportes con espíritu más competitivo, además de un entrenamiento específico humano y canino basado en la mejora de la velocidad y de la resistencia, y teniendo en cuenta otros factores como la alimentación, necesitará disponer de material específico. Para el canicross son precisos arneses, zapatillas de competición, cinturón y correa elástica. Para el caniciclocross, en cambio, bicicleta (preferiblemente de montaña), casco, guantes, arnés y correa elástica.

Extracto del reglamento de canicross y caniciclocross de la Federación Atlética Canina Francesa (FACF)

PARTICIPACIÓN

Los perros

Están admitidos todos los perros sin distinción de raza, con o sin pedigrí, que hayan cumplido los 12 meses de edad el día de la prueba. En la categoría de canicross infantil las perras o los perros de más de 10 meses de edad están autorizados a participar únicamente en una prueba al día (el veterinario responsable del control se reserva el derecho de prohibir la participación).

En conformidad con las directrices departamentales de los servicios veterinarios, todos los perros autorizados a participar en una prueba atlética canina tienen la obligación de estar vacunados contra la enfermedad de Carré, la parvovirosis y la rabia en aquellas regiones declaradas de riesgo y para los perros procedentes del extranjero. Si no existiese ningún riesgo, la vacuna contra la rabia no será necesaria.

Asimismo, todos los perros deberán estar tatuados. Aunque no sea obligatoria, se recomienda la vacuna contra la tos de las perreras para los perros que vivan en criaderos. Previo control veterinario, el día de la prueba no se admitirá la participación de perros o perras enfermas o debilitadas, perras gestantes o en periodo de lactancia, así como perros o perras que presenten deficiencias.

Un perro sólo podrá efectuar una prueba por día, con excepción de la categoría de canicross infantil, en la que el animal (siempre que tenga más de 12 meses de edad) podrá competir dos veces en un mismo día a condición de que la prueba sea realizada por un niño de edad comprendida entre los 7 y los 10 años, y que el tiempo de recuperación entre las dos carreras no sea inferior a 30 minutos. En estas condiciones, el perro quedará disponible para una segunda carrera de categoría infantil o sénior.

Todos los perros que participen en las competiciones organizadas por la federación deberán estar en posesión de la licencia canina o certificado veterinario (con la reserva de comprobación del documento). Con ello se facilita el control administrativo de los documentos sanitarios caninos.

En caso de accidente o indisposición de un perro, producida antes de la salida de la carrera en la que está inscrito, podrá ser sustituido con la condición de que el sustituto cumpla las reglas citadas en los parágrafos anteriores (control veterinario y edad del animal).

Las perras en celo podrán participar en la prueba con la condición de que tomen la salida en las últimas posiciones en las pruebas contra el reloj, y realicen una salida diferida en las pruebas en línea.

Los participantes

La práctica del deporte canino en el que participan un perro y un hombre en un mismo esfuerzo atlético, en el marco de las competiciones organizadas por la federación, está abierta a todas las personas, sin distinción de nacionalidad y con certificado médico de aptitud para el deporte. Además, las pruebas de ámbito federativo podrán estar abiertas a las personas con minusvalías.

Sin embargo, es preciso hacer una aclaración: la competición oficial está abierta a todos los participantes federados y a todos los deportistas que demuestren tener un cierto nivel. La carrera de promoción está abierta a toda aquella persona que desee participar en una prueba canina, tal como se describe en el apartado dedicado a las disciplinas (véase la pág. 138). La marcha será libre y el recorrido deberá estar adaptado a las características físicas de determinados participantes. Los participantes pueden o no estar federados por la propia federación o por otra. Todo practicante tiene la obligación de presentar un certificado médico de aptitud para la actividad deportiva (carrera a pie, ciclismo, triatlón) de no menos de un año de antigüedad.

La edad mínima del niño es de 7 años cumplidos el día de la prueba. El organizador puede derogar inscripciones por motivos de seguridad.

En la categoría de canicross infantil los requisitos para participar son los siguientes:

— si la relación entre la morfología del niño y la fuerza del perro no es compatible (control director de carrera), el niño sólo podrá correr acompañado por un adulto;
— este último deberá estar unido al perro por medio de una correa de seguridad que le permita controlar en todo momento la fuerza del perro. Al ser el niño quien realiza la competición, este deberá encontrarse siempre delante del adulto acompañante, o justo al lado en el caso de niños de 7 a 10 años;
— el niño podrá estar unido al perro con los instrumentos aconsejados;
— el uso de cinturón lumbar sólo será autorizado con la total responsabilidad de los padres o del tutor que haya firmado dicha autorización.

LICENCIAS

Licencia de competidor

Los titulares de licencias de competición expedidas por la federación correspondiente son los únicos que podrán figurar en las clasificaciones nacionales. Dicha licencia comporta la posesión de un seguro durante y fuera de la competición.

Licencia canina o certificado veterinario

Este documento permitirá, justo desde el momento en que sea reconocido oficialmente, facilitar las relaciones y el control veterinario.

El requisito para la obtención de la licencia canina es la presentación de un informe completo tal como se describe en el impreso correspondiente. Se concede gratuitamente para un solo ejemplar. Los propietarios que declaren varios perros deberán abonar la cantidad de 125 pts. aproximadamente por licencia a partir del segundo perro. En caso de actualización durante la temporada en curso (renovación de vacunas, pérdida de licencia, etc.) se efectuará un pago por el mismo importe. En cada nueva temporada, se aplicará este principio.

INSCRIPCIONES

Partiendo del principio de que se supone que una persona federada dispone más fácilmente de los elementos para inscribirse con la suficiente antelación en una prueba, está previsto que:

a) con la finalidad de facilitar el trabajo de los organizadores, en todas las categorías, todos los competidores federados deberán formalizar la inscripción obligatoriamente 10 días antes de la fecha de la prueba. Pasado este plazo, el precio de la inscripción para el federado se equiparará al de los no federados. Todos los competidores con licencia FACF que se hayan inscrito dentro del plazo estipulado, pero que hagan efectivo el pago el día de la carrera, deberán abonar el precio correspondiente a la tarifa de no federado, mientras que, por su lado, las organizaciones se comprometen a reembolsar el importe de las inscripciones de los participantes que no se hayan podido desplazar el día de la prueba;

b) las personas sin licencia federativa tienen la posibilidad de inscribirse por adelantado, dentro del plazo mencionado en el apartado anterior. En cambio, pueden inscribirse el mismo día de la prueba (inscripción «en la salida») siempre que cumplan con los requisitos del reglamento;

c) la inscripción de personas con licencia de otras federaciones se considera como «no federado» y participan en las condiciones enumeradas anteriormente.

DISCIPLINAS

En todas las modalidades, los participantes competirán en la categoría que figure en la licencia.

Canicross

Se trata de una disciplina en la que participan equipos formados por un perro y un corredor, unidos de forma definida, que completan conjuntamente un recorrido señalizado. Está abierta a federados y a no federados, y se divide en las categorías siguientes:

— niños de 7 a 10 años: canicross infantil femenino (CIF1); canicross infantil masculino (CIM1);
— niños de 11 a 14 años: canicross infantil femenino (CIF2); canicross infantil masculino (CIM2);
— adolescentes de 15 a 17 años: canicross junior femenino (CJF); canicross junior masculino (CJM);
— adultos de 18 a 39 años: canicross sénior femenino (CSF), canicross sénior masculino (CSM);
— personas mayores de 40 años: canicross veterano femenino (CVF), canicross veterano masculino (CVM).

Caniciclocross

Se trata de una disciplina en la que participan equipos formados por un perro y un ciclista, unidos de forma definida, que completan conjuntamente un recorrido señalizado. Está abierta a titulares de licencia federativa de competición o cicloturismo, y se divide en las categorías siguientes:

— adolescentes federados de 15 a 17 años: ciclocanicross junior femenino (CJF); ciclocanicross junior masculino (CJM);
— adultos de 18 a 39 años: ciclocanicross senior femenino (CSF), ciclocanicross senior masculino (CSM);
— personas de más de 40 años: ciclocanicross veterano femenino (CVF), ciclocanicross veterano masculino (CVM).

RAPID-CANI

El rapid-cani *es una disciplina basada en la asociación de un solo perro y un corredor, unidos de forma bien definida, quienes efectúan el mismo esfuerzo en distancias cortas (100, 200 y 400 m). La preparación y la reglamentación de esta disciplina son objeto de documentos específicos.*

CANIMARCHA

Esta disciplina permite participar a todas aquellas personas que por sus aptitudes físicas no puedan realizar ninguna actividad deportiva. Consiste en cubrir una distancia determinada con el animal a la velocidad que se desee. Un responsable se hará cargo de la preparación y el seguimiento de esta disciplina.

REGLAMENTACIÓN DEL MATERIAL

Principiantes

Los perros participantes pueden presentarse con un collar convencional. Sus propietarios, además, pueden sujetar la traílla con la mano. Están prohibidos los collares estranguladores y de adiestramiento.

Si los participantes están equipados según se indicará más adelante, no se les exigirá el amortiguador.

Para la canimarcha no se impone ninguna regla relativa al material, excepto la prohibición del collar de ahogo y del collar de adiestramiento.

Federados

Todos los participantes federados deberán competir con un material que se ajuste al reglamento, tal como se explica en la ilustración de la página siguiente. Está prohibido el uso de guardabarros metálicos en las bicicletas. Las de carreras clásicas y las BTT son las más aptas y por lo tanto las que se aconsejan.

DISTANCIAS

Las distancias están determinadas por el reglamento. Van de 2 km a 9 km, según las categorías.

La organización puede decidir las distancias según las condiciones meteorológicas. Ello deberá ser notificado a los participantes, y figurará en las hojas de resultados.

El perfil de la prueba, las condiciones climáticas y el tipo de terreno son criterios que permiten alargar o acortar un recorrido.

TEMPERATURA

Es un aspecto muy importante que debe tenerse en cuenta siempre, ya que es necesario respetar al animal y adaptarse a su ritmo. En ningún caso habrá que privarle de beber y se le mojará para refrescarle. En temperaturas superiores a 20 °C hay que adoptar todas las precauciones habituales:

— avituallamiento a la mitad del recorrido;
— instalación de una ducha o un pequeño estanque para mojar a los perros.

ÉTICA DEPORTIVA

Comportamiento

Toda persona que se considere deportista debe adoptar en todas circunstancias una conducta digna de la ética que reivindica. Además de conocer el reglamento propio de la disciplina, ha de comprometerse a actuar siempre con deportividad, habida cuenta de la responsabilidad adquirida de cara a la especie canina y del respeto que le debe.

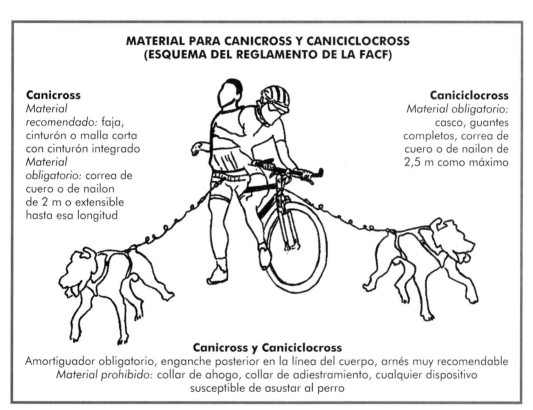

MATERIAL PARA CANICROSS Y CANICICLOCROSS (ESQUEMA DEL REGLAMENTO DE LA FACF)

Canicross
Material recomendado: faja, cinturón o malla corta con cinturón integrado
Material obligatorio: correa de cuero o de nailon de 2 m o extensible hasta esa longitud

Caniciclocross
Material obligatorio: casco, guantes completos, correa de cuero o de nailon de 2,5 m como máximo

Canicross y Caniciclocross
Amortiguador obligatorio, enganche posterior en la línea del cuerpo, arnés muy recomendable
Material prohibido: collar de ahogo, collar de adiestramiento, cualquier dispositivo susceptible de asustar al perro

Temperatura	Distancia en cada categoría			
	cani infantil (7/10 años)	*cani infantil (11/14 años)*	*cani sénior*	*caniciclo*
Hasta 16 °C	2 km	de 2 a 3,5 km	de 7 a 9 km	de 7 a 9 km
De 16 a 25 °C	2 km	de 2 a 3,5 km	de 6 a 8 km	de 6 a 8 km
De 25 a 30 °C	2 km	2 km	de 4 a 5 km	de 4 a 5 km
Más de 30 °C	2 km	2 km	4 km	4 km

Cualquier comportamiento contrario a esta regla moral que pueda perjudicar la reputación del deporte canino en general, especialmente contra cualquier tipo de organización canina, podrá comportar sanciones para los deportistas federados y la prohibición de participar en la categoría propia, debiendo hacerlo en la de no federados.

Respeto por el animal

La regla que prima en este deporte es el bienestar y la diversión del animal por delante de cualquier otra cosa. Por respeto a nuestros compañeros, todo estará orientado a poner al perro en un lugar preferencial, adoptando unas costumbres que se inspiran en las siguientes ideas:

— en los comentarios de prensa y en las clasificaciones oficiales, el nombre del perro se antepone al del corredor. Los términos *pareja* o *equipo* deberían estar siempre asociados al nombre del perro y del corredor;
— en los títulos correspondientes a los vencedores, sería más correcto mencionar en primer lugar al perro como poseedor del título, asociado naturalmente al del corredor;
— en los campeonatos, el perro también merece un galardón. Por tanto, sería conveniente hacerle entrega de un trofeo (medalla u otro) y que, por este motivo, participara en la entrega de premios, podios, fotografías con el corredor, etc. Los perros galardonados (los tres primeros de cada categoría) estarán presentes en la entrega de premios, siempre que la organización lo autorice y con la condición de que las condiciones del entorno lo permitan (sala cubierta).

PENALIZACIONES

Canicross

El perro deberá correr siempre delante; el límite máximo permitido al corredor es a la altura de los hombros del animal. Está rigurosamente prohibido tirar del perro, excepto para reorientarlo en la dirección de la carrera (cambio de dirección, espantada, pérdida de atención debida a causas ajenas, como, por ejemplo, el perro de un espectador). La contravención de esta regla se castiga con una sanción del tipo A, consistente en:

— 1 minuto de penalización la primera vez;
— descalificación si se reincide.

Asimismo, está prohibido correr por delante del perro. Si alguno de los participantes lo hiciese, se le aplicaría una sanción del tipo B, consistente en:

— amonestación al primer aviso;
— 15 segundos de penalización para el segundo;
— 30 segundos para el tercero;
— 1 minuto de penalización suplementaria a partir del cuarto.

La amonestación sólo es aplicable a los principiantes que generalmente han cursado la inscripción el mismo día de la prueba.

Caniciclocross

Las sanciones son idénticas a las del canicross, exceptuando la amonestación, que queda suprimida.

El ciclista deberá realizar un esfuerzo regular y permanente para no ser constantemente arrastrado por el perro. En el primer kilómetro no se tendrá en cuenta esta peculiaridad, excepto si el ciclista se deja arrastrar deliberadamente por el animal sin proporcionarle ayuda mecánica.

Se aplicará una sanción de tipo C en los siguientes casos:

— si el ciclista se deja arrastrar deliberadamente por el perro, recibirá una penalización de 1 minuto (para hacerse efectiva, la infracción deberá ser apreciada durante la carrera);
— si el ciclista participa sin guantes, se le penalizará 1 minuto.

Además, no podrá participar en la prueba todo aquel ciclista que no lleve casco.

Generalidades para ambas disciplinas

Todo corredor o ciclista puede pedir paso a otro corredor que le preceda, expresando su intención con voz alta e inteligible («¡pista!»). El participante que sea adelantado no podrá impedir la acción.

La obstrucción de la maniobra de adelantamiento puede ser sancionada con la descalificación.

Está terminantemente prohibido que una tercera persona corra al lado o delante de la pareja con el fin de motivar al animal. Esta prohibición se hace extensiva a bicicletas y vehículos de motor.

Los corredores podrán reconocer el circuito antes de dar la salida de la primera prueba.

Canimarcha

Esta disciplina no es tan restrictiva como las precedentes. Simplemente, al tratarse de una marcha a pie, está prohibido correr, bajo pena de descalificación.

Queda a criterio de la organización la apreciación de irregularidades y sus consiguientes sanciones.

CLASIFICACIONES

Cálculo de los puntos

Este cálculo está basado en un baremo único (véase abajo) en relación con la posición real del participante e independientemente de la categoría (en la misma disciplina) y del número de participantes.

Este cálculo de puntos sirve sólo para la atribución de los títulos de los perros de oro, de plata y de bronce.

Puede tomarse en consideración para el campeonato.

A partir del vigesimoquinto puesto, todos los participantes que finalicen la prueba logran un punto.

El cálculo de puntos corre a cargo de la federación.

1	2	3	4	5	6	7	8	9	10	11	12	13
30	27	24	21	19	17	15	13	11	10	9	8	7
14	**15**	**16**	**17**	**18**	**19**	**20**	**21**	**22**	**23**	**24**	**25**	
6,5	6	5,5	5	4,5	4	3,5	3	2,5	2	1,5	1	

CAMPEONATOS Y FINALES

Final regional

Para tener rango de campeonato regional, deberá celebrarse en dicha región un mínimo de cinco pruebas. La última de la temporada podrá ser considerada como final regional.

Final nacional

Para clasificarse para la final nacional, es preciso haber participado y haberse clasificado, en la categoría reservada a federados, en dos pruebas organizadas por la FACF.

Perro de oro

Para el cómputo de la clasificación para la adjudicación de los perros de oro, de plata y de bronce, se tomarán los cinco mejores resultados obtenidos con el mismo perro, independientemente del número de participaciones. La posición final está determinada por la suma de puntos obtenidos. En caso de empate, se tendrá en cuenta el mejor resultado obtenido en la prueba larga de la final nacional. Para el desempate de los otros posibles casos, se tendrá en cuenta el número total de participaciones, y, en último recurso, las mejores clasificaciones.

El rastreo

El rastreo es un deporte canino prácticamente desconocido por el gran público. En general, la gente suele saber que existen perros que detectan explosivos o drogas, perros de escombros o de avalanchas, o incluso tiene referencias de perros buscadores de trufas, pero ignora que un perro puede poner a prueba sus cualidades olfativas desde un punto de vista meramente lúdico.

Este deporte cuenta con pocos practicantes y atrae a poco público; es difícil entender su funcionamiento y sus sutilezas, cuando se mira sin tener unas nociones previas, y además hay que admitir que, en algunos momentos, el espectáculo es más bien soso, sin espectacularidad y sin grandes demostraciones de alegría.

Por todo ello, el rastreo es un deporte humilde y discreto, que no tiene repercusión en los medios de comunicación. Pero observando las evoluciones de los animales junto a alguien que nos explique las vicisitudes y los matices de la acción, el rastreo gana interés, y sin darnos cuenta contedremos la respiración en cada momento clave.

El pastor belga groenendael está muy bien capacitado para esta disciplina: posee un buen olfato, rapidez de comprensión y de ejecución, facilidad de concentración y un deseo inmenso de complacer a su dueño. De hecho, es raro que en el campeonato de Francia de rastreo, que se celebra anualmente y en el que participa una veintena de perros (los mejores del año), no tome parte ningún groenendael.

Las pruebas se desarrollan en razón de dos ejercicios de instinto:

— en el rastreo libre, el amo permanece inmóvil en el punto de partida y el perro, al recibir la orden, debe efectuar el trabajo solo, que consiste en encontrar y traer un objeto «perdido» por el trazador siguiendo fielmente el trazado de la pista;
— en el rastreo con correa, el amo sigue al perro con una correa. El animal ha de entregar al conductor los objetos que el trazador ha dispuesto a lo largo de la pista y, para finalizar, ha de encontrar al trazador.

Las dificultades de los trazados están en función del terreno (un prado fresco conserva mejor los olores que un terreno árido y seco), del clima (el viento, por ejemplo desplaza las moléculas odoríferas) y de los trazados. Estos últimos pueden comportar una cierta cantidad ángulos y de pistas falsas que pueden cortar y recortar la pista buena.

Frac du Pré Saint Florent entrenándose para las pruebas de rastreo. (Propiedad de Marie-Paule Erb)

Extracto del reglamento de rastreo

La finalidad de los concursos de rastreo es poner de relieve las cualidades olfativas del perro. Los concursos están divididos en seis categorías, según dificultad:

— tres niveles de rastreo libre: A, B y C;
— tres niveles con correa de rastreo: pista fría (PF), con correa de rastreo (TL) y con correa de rastreo selectivo (CRS).

La clasificación de los participantes se efectúa en función de un sistema de penalización. Sobre un máximo de 100 puntos, los que alcanzan 75 reciben la calificación de *excelente*; los que logran 60, la de *muy bueno*; y los que consiguen 50, la de *bueno*. Por debajo de 50 puntos no obtiene ninguna calificación ni se opta a la clasificación.

Frac du Pré Saint Florent *ha encontrado lo que buscaba. (Propiedad de Marie-Paule Erb)*

Frac du Pré Saint Florent, *un perro que reúne belleza y buenas aptitudes para el trabajo: aquí durante el rastreo. (Propiedad de Marie-Paule Erb)*

En correa de rastreo selectivo, el *jury* puede conceder el CACT al primero de la clasificación y la reserva de CACT al segundo, con la condición de que hayan obtenido un mínimo de 80 puntos, que haya un mínimo de cuatro participantes en la categoría y que no haya empates.

Esta distinción, después de cumplir con los requisitos necesarios en belleza y solicitar la homologación a la RSCFRCE, da lugar a la obtención del título de campeón nacional de trabajo.

CONDICIONES PARA LA PARTICIPACIÓN EN LOS CONCURSOS DE RASTREO

Los concursos están reservados a las razas de perros reconocidas por la SCC para el trabajo de rastreo, entre los que figura el pastor belga groenendael.

Los perros participantes deberán estar en posesión de un carnet de trabajo expedido por la SCC.

El hecho de que el perro no esté confirmado no le impide tomar parte en la prueba.

El conductor del perro deberá pertenecer a un club afiliado, o en proceso de afiliación oficial, o a una sociedad canina regional.

Está totalmente prohibida la participación de perros con monorquidia o criptorquidia, tal como indican las directivas de la FCI.

El participante ha de haber cumplimentado debidamente la hoja de inscripción, que debe estar firmada por el presidente de su club, o por el presidente de la sociedad canina regional.

La inscripción, el pago de la inscripción y el certificado de vacuna antirrábica darán fe en caso de litigio.

El participante debe estar presente en el momento de la llamada general por la mañana y por la tarde en el acto de entrega de premios, si los resultados se dan a conocer el día de la prueba.

Frac du Pré Saint Florent entrenándose para las pruebas de rastreo. (Propiedad de Marie-Paule Erb)

La no comparecencia en la entrega de premios sin notificación previa al presidente del *jury* implicará la comunicación de tal circunstancia al presidente del grupo de trabajo.

El participante tiene la obligación de presentar el carnet de trabajo del perro el día del concurso (o prueba).

Todo acto de brutalidad hacia un perro o insulto a juez u otro miembro de la organización será severamente sancionado (eliminación).

Los clubes organizadores no son responsables en ningún caso de la huida, el extravío o la muerte de un perro, así como tampoco se hacen responsables de accidentes o desperfectos en los que el perro pudiera estar implicado.

Un participante no tiene derecho a presentar más de dos perros en un concurso (o prueba), incluyendo todas las categorías, aun cuando el concurso se desarrolle en dos días.

También está prohibido participar en dos concursos o pruebas idénticas con el mismo perro durante el mismo fin de semana.

Los participantes se abstendrán de:

— hacer pasear una perra en celo cerca de los otros participantes;
— tirar de la traílla para evitar una falta;
— recoger un objeto con la mano y declarar que lo ha indicado el perro;
— obtener información sobre los trazados, etc.

Estas tentativas pueden comportar la descalificación inmediata si son apreciadas por un juez.

En caso de producirse litigio, el participante tiene la obligación de comunicarlo por escrito al presidente del grupo organizador, que se pronunciará al respecto.

Para que tenga carácter oficial, la reclamación deberá ser efectuada el día del concurso y presentada al presidente del club organizador con depósito de una fianza según tarifa en vigor.

El presidente del club organizador realizará las diligencias necesarias.

LA ORGANIZACIÓN DEL DÍA DEL CONCURSO

Encuentro de los participantes

A la hora prevista para el encuentro, los concursantes entregarán al comisario general de la prueba el carné de trabajo. No será admitida la participación sin la presentación de dicho carné, salvo si se ha enviado a la SCC para una selección para el campeonato nacional.

En caso de inscripción errónea, el presidente del *jury* ha de estar informado.

Sorteo

Es obligatorio y corresponde efectuarlo al comisario general, que es responsable de la organización del concurso después de la inspección de los carnés de trabajo.

El sorteo debe realizarse en presencia como mínimo del 50 % de los participantes; los jueces y los trazadores no deben asistir.

El club organizador debe velar para que un perro que participe en dos concursos durante un mismo día, pueda beneficiarse de un descanso entre dos pistas.

Retrasos

Si un participante llega después del sorteo pero antes de darse la salida, debe conformarse con el orden de salida que le ha sido adjudicado en el sorteo. Si llega después de la salida, el juez considerará la posibilidad de darle un orden de participación.

El club organizador deberá conservar la inscripción y el comprobante del competidor ausente. El juez hará constar en el acta la no presentación del participante, que podrá ser sancionado de acuerdo con el reglamento de la cinofilia.

Preparación de la pista

El comisario de participantes es el encargado de avisar al candidato y de comunicarle que debe presentarse al juez, y de comprobar que trabaje sin ser visto mientras traza la pista en CR y CRS.

Deberá velar para que ningún participante se vea favorecido o perjudicado por los espectadores. Estos últimos tienen que estar siempre en condiciones de ver el trabajo de los perros, pero deberán comportarse con rigurosa discreción para no molestar ni al juez ni al perro.

Los espectadores no podrán llevar a sus perros.

El comisario del juez efectúa el disparo durante la presentación, a quince pasos del perro, de cara a este y al aire.

Los trazadores

Después de la explicación del juez del plan de la pista, el trazador debe ejecutar rigurosamente sus órdenes. Procurará dar las mismas oportunidades a todos los participantes, trazar pistas con el mismo ritmo, sin correr. Ante una situación excepcional (rodera, cuneta, etc.), al no estar consideradas como dificultades, deberá tomar iniciativas y adaptar ligeramente el trazado de la pista.

Al final del trazado de rastreo libre, deberá permanecer inmóvil fuera del campo de trabajo.

Las salidas estarán indicadas por dos jalones separados a una distancia de 10 pasos. El trazador iniciará a partir del segundo jalón la primera línea de la pista en la dirección que le ha indicado el juez.

Para trazar una línea recta no hay que mirarse los pies al caminar, sino mirar una referencia a distancia.

Se distinguen cuatro tipos de ángulos:

— ángulo recto (90°);
— ángulo agudo (45°);
— ángulo muy agudo (30°);
— ángulo obtuso, de 90° a 160°.

El primer ángulo se encuentra siempre a un mínimo de 130 pasos de la salida (en todas las categorías).

En rastreo libre, el último ángulo se encuentra a un mínimo de 80 pasos del objeto.

En PF, el último ángulo se encuentra a un mínimo de 80 pasos del objeto.

En PF, CR y CRS, el último ángulo se encuentra a un mínimo de 130 pasos del grupo.

La colocación de los objetos se llevará a cabo en el lugar decidido por el juez. Para ello el trazador depositará el objeto en la pista, efectuando una parada.

En rastreo libre, una vez depositado el objeto, el trazador deberá proseguir en la misma dirección durante al menos 35 pasos antes de salir de la pista; lo mismo hará en PF después de la colocación del tercer objeto.

En CR y CRS, los objetos estarán siempre dispuestos:

— a 35 pasos como mínimo de cualquier ángulo, falsa pista, u otro objeto o de dificultades naturales (cuneta, cercado, etc.);
— a 130 pasos como mínimo de la salida y a 130 pasos como mínimo de la llegada.

Asimismo, la colocación de las pistas falsas se llevará a cabo en el lugar decidido por el juez. Para ello, el trazador, sin detenerse, clavará el jalón de la pista falsa.

En todas las categorías que requieren pista falsa, el primer jalón debe clavarse a un mínimo de 130 pasos de la salida.

En categoría C debe haber una distancia mínima de 35 pasos entre dos jalones, entre el jalón y un ángulo o cualquier dificultad natural (cuneta, cercado, etc.); el último jalón debe estar situado a un mínimo de 130 pasos del objeto.

En CR y CRS, debe haber una distancia mínima de 35 pasos entre dos jalones, entre el jalón y un ángulo o cualquier dificultad natural (cuneta, cercado, etc.); el último jalón debe estar situado a un mínimo de 130 pasos del grupo.

Los falsos trazadores deben llevar a cabo escrupulosamente las consignas del juez. En el momento de cruzar la pista, el falso trazador retirará sin detenerse el jalón dejado por el trazador.

En caso de haber dos falsos trazadores, en ningún caso pueden invertir sus trazados.

Si el falso trazador y el trazador tienen que avanzar en paralelo, deberán respetar una distancia de separación de 35 pasos.

Si la falsa pista corta oblicuamente la pista buena, el ángulo agudo resultante no será inferior a 45° en CR y a 30° en CRS.

En CR y en C, la falsa pista tendrá un trazado simple.

En CRS, si es doble (ida y vuelta), cuenta como dos cortes.

En cuanto a la precisión de los trazados, en rastreo libre, los trazados de pistas y de falsas pistas son idénticos para todos los participantes.

En PF, CR y CRS, la configuración de las pistas puede ser diferente respetando el número de ángulos y su abertura.

Asimismo, la colocación de falsas pistas podrá cambiarse, con la condición de respetar las características de los ángulos de corte (por ejemplo, uno recto y dos oblicuos).

La posición de los objetos puede cambiar en cada pista.

DESARROLLO DE LAS PRUEBAS

Material

En rastreo libre, el collar se tolera; no es obligatorio.

En PF, CR y CRS, sólo se necesita y se autoriza:

— un arnés de rastreo;
— una correa reglamentaria de 10 m.

Está prohibido el uso de bozal.

Presentación

Una vez trazada la pista, el participante, acompañado del perro libre y caminando al pie, se aproxima al juez. Cuando este se lo indica, coloca el perro en posición de libre elección, y se presenta al juez de forma correcta.

En la presentación, deberá mencionar el nombre del perro, la raza, el sexo, el número de carnet de trabajo, el club de pertenencia y la regional. Durante la presentación, el comisario efectúa el disparo.

En PF, CR y CRS, el participante ha de precisar si el perro recoge o señaliza los objetos. Si no se dice nada al respecto, se supone que el perro recoge los objetos. Al concluir la presentación, el juez describe el trabajo a efectuar y el tiempo a disposición. El cronómetro se detiene:

— en rastreo libre, al entregar el objeto al participante;
— en PF, al entregar el tercer objeto o 30 pasos después;
— en CR y CRS, cuando el perro se encuentra a 35 pasos de la llegada.

Inicio del seguimiento de la pista

Después de la presentación, el participante se dirige con el perro, caminando, a la zona de salida; el exceso de órdenes es penalizado.

Una vez rebasado el primer jalón y antes del segundo:

— en rastreo libre, el participante envía al perro con una sola orden;
— en PF, CR, y CRS, el participante ata la correa al arnés y envía al perro como quiere, con una sola orden.

En todas las categorías, después de la primera orden, si el perro no ha superado el segundo jalón, el participante tiene la posibilidad de darle dos órdenes adicionales con penalización (tiempo máximo antes de la eliminación: 1 minuto)

Si una orden se da una vez el perro ha superado el segundo jalón, se considera una reconducción.

Después de superar el segundo jalón, el perro dispone de 20 segundos para encontrar la pista en un radio de 10 metros y sin reconducciones, sino con una penalización de salida.

Más allá de los 10 pasos, hay posibilidad de reconducción, y la superación del límite de 20 segundos es penalizable.

En la pista

En rastreo libre, el participante debe permanecer inmóvil entre dos jalones, sin efectuar ningún gesto a partir del momento en que el perro ha olido el objeto.

En PF, CR y CRS, cuando el perro ha dejado el segundo jalón de salida, el conductor puede desplazarse libremente entre los dos jalones, pero no puede incitar al perro, lo que equivaldría a una reconducción.

El conductor no podrá rebasar el segundo jalón hasta que la correa se haya estirado por completo; la misma norma se aplica después de la localización de un objeto en la pista.

El conductor debe permanecer en silencio detrás de su perro. El juez determinará la penalización en función de la falta cometida, con posibilidad de eliminación en caso de tentativa voluntaria de transgresión del reglamento. Por ejemplo: un objeto ordenado con la voz no estará contabilizado, pero un tirón de correa o una orden para impedir que el perro siga la falsa pista comportará una amonestación.

Una vez recuperado el objeto, el concursante puede felicitar y recompensar a su perro; se reanudará la prueba en el lugar mismo donde se encuentra o en el punto donde se había encontrado el objeto, nunca más lejos.

En caso de señalizar los objetos, el perro ha de permanecer inmóvil y reanudar la pista desde el punto donde había efectuado la indicación.

Fin de pista

En las pruebas de rastreo libre, una vez localizado el objeto, el perro debe llevarlo al conductor y entregarlo sentándose delante de él.

Cuando el objeto ha sido presentado al juez, el trabajo del perro ha terminado y el conductor puede felicitar a su perro. En todas las categorías, el objeto no presentado al juez no podrá ser contabilizado.

El juez tiene la obligación de avisar al conductor cuando el perro haya sobrepasado el lugar donde se encuentra el objeto entre 35 y 40 pasos. En el caso en que el perro que efectúa el trazado no detecte el objeto, el conductor tiene derecho a una o dos reconducciones, siempre que no las haya utilizado antes (en ningún caso puede haber más de dos reconducciones). Si el conductor decide no valerse de ellas, se aplicará la penalización correspondiente a una o dos reconducciones (una si ya había sido utilizada en pista, y dos si todavía no había utilizado ninguna).

En pista fría, el juez anunciará la conclusión de la pista haciendo sonar la corneta a la entrega del tercer objeto. En caso de que el perro no localice el tercer objeto, el juez detendrá al participante 30 pasos después del tercer objeto.

En las pruebas de rastreo con correa, el grupo está formado por el trazador y el juez, que se encuentra entre 10 y 15 pasos de la pista y del trazador, pero nunca detrás de este. Tanto el juez como el trazador permanecerán ambos inmóviles y en la misma posición, sentados o de pie, y de cara a la pista.

Cuando un perro se encuentra en el poste de referencia (idéntico al de salida pero sin banderín) que el trazador habrá dispuesto, por orden del juez, 35 pasos antes de detenerse, el conductor debe ir a retirarlo.

Está permitida dar una orden para detener al perro. Dicha orden podrá repetirse sin riesgo de penalización.

En el caso de que un participante no respetara este procedimiento, la llegada sería considerada nula.

Después de haber soltado al perro, el conductor puede dar una orden de envío.

El participante debe esperar siempre la orden del juez indicando la conclusión del concurso antes de manifestarse, y debe presentar los objetos al juez antes de felicitar al perro. Entonces el trabajo se puede considerar terminado.

Si el juez concede al participante una nueva reconducción para confirmación de llegada, el perro tiene que ser llamado, y el concursante lo tiene que poner en condición durante unos 10 segundos y debe darle la orden de envío igual que en la primera ocasión.

El perro ha de descubrir él solo al trazador. Dispondrá de 30 segundos para identificar al trazador (tiempo que empieza a contar en el momento en que el conductor envía al perro para descubrirlo), y de 15 segundos para ladrar o indicar (el tiempo empieza a contar una vez el perro ha identificado al trazador).

Para una identificación correcta, el perro debe estar de pie, sentado o echado a menos de 2 pasos del trazador. Esta posición ha de durar 15 segundos.

El perro que salta contra el trazador, que no ladra o que gime será menos penalizado que el perro que se posicione inmóvil sin ladrar.

Por lo que se refiere al rastreo con correa selectivo, el grupo está formado por el trazador, el acompañante y el juez, separados el uno del otro y de la pista.

El juez, el acompañante y el trazador permanecen quietos y en la misma posición, de pie y de cara a la pista.

Para el conductor, el trabajo que debe realizar es el mismo que en rastro con correa. De este modo, en las dos categorías:

— si la llegada es imprecisa (perro colocado correctamente a 2 pasos del trazador, pero sin mirarle o sin mostrarlo), se solicitará confirmación autorizada por el juez con penalización de repetición;
— si el perro se halla a más de dos pasos del trazador, el juez autorizará la repetición de la prueba, pero con penalización;
— si el perro se para durante menos de 15 segundos, con o sin ladrido, el juez autorizará la repetición de la prueba, pero con penalización;
— por último, si el perro retrocede hacia el conductor, el juez contabilizará una repetición.

El juez de llegada es el único con potestad para autorizar la repetición y sólo puede conceder una.

Por otra parte, hay que tener en cuenta que el perro que salta contra el trazador o gime no será penalizado por tardar en ladrar.

Si hubiere disparidad de criterios, el juez será el único que podrá pronunciarse acerca del valor de la llegada.

Un perro que no identifica al trazador en los términos arriba indicados no podrá obtener la calificación de *excelente*.

Las reconducciones

En todas las categorías, sólo se admiten dos reconducciones del mismo valor.

Toda reconducción indicada por el juez debe ser obligatoriamente penalizada, aunque el conductor no la tenga en cuenta.

En rastreo libre, a partir del momento en que el juez indica la reconducción al conductor, este dispone de 20 segundos para hacerla efectiva. Pasado este tiempo, queda prohibida cualquier orden. Las reconducciones han de ser notificadas cuando el perro está a 35 pasos de la pista o a 20 pasos sobre una falsa pista.

El conductor puede reconducir el perro a distancia, desde el lugar donde está, o bien llamarlo para que comience de nuevo. En tal caso, el juez reanuda el descuento de las penalizaciones en el momento en que el perro haya llegado al punto donde se precise una reconducción.

En PF, CR y CRS la reconducción se notifica en las mismas condiciones de distancia que en modalidad libre por medio de una corneta (está prohibido el uso del silbato). Si el conductor decide retomar la pista desde el principio, el juez reanuda el descuento de las penalizaciones así que el perro haya llegado al punto en el que haya sido necesaria una reconducción. Por el contrario, los objetos olvidados en la primera pasada no se contabilizarán si se encuentran en este segundo intento.

Las autorreconducciones

Están prohibidas en todas las categorías, excepto en rastreo en sentido contrario a la pista (relectura).

La función del juez

El juez fija el tiempo máximo para el trabajo. El tiempo está en función de las condiciones atmosféricas y de la categoría (generalmente son 10 minutos para los libres y 20 minutos para PF, CR y CRS).

Si las condiciones atmosféricas cambian, el juez puede modificar el tiempo estipulado para la ejecución de la pista.

Si el perro está fuera de tiempo pero sobre la buena pista, el juez ha de conceder 5 minutos suplementarios penalizados.

En caso de empate en la clasificación, el juez tendrá en cuenta el tiempo empleado por cada perro para efectuar el trabajo.

El juez debe supervisar que cada participante evolucione por un terreno nuevo. Se considera que un terreno es nuevo cuando no ha sido utilizado durante al menos las doce horas anteriores a la prueba.

PRESENTACIÓN DE LAS SEIS CATEGORÍAS DE PRUEBAS

Rastreo libre, categoría A (prueba)

Además de las condiciones generales de participación, las pruebas de categoría A están reservadas a ejemplares que debutan en la disciplina de rastreo o que nunca han obtenido la calificación de *excelente* en esta categoría.

La pista debe ser simple, caliente, de 530 pasos con dos ángulos rectos y sin pistas falsas. Debe haber uno o dos trazadores alternados, así como un objeto dispuesto a lo largo de los 530 pasos, alejado de los jalones de salida como mínimo 130 pasos. El tiempo establecido será de 10 minutos.

El trazador deberá encontrarse fuera del campo de trabajo antes de la presentación.

El perro rastrea solo; debe seguir la pista, encontrar el objeto, llevarlo al conductor y sentarse en frente a él con el objeto en la boca.

El baremo de puntuación es el que detallamos a continuación:

— entrega del objeto: 40 puntos;
— rastreo (corrección del trabajo): 50 puntos;
— presentación y aspecto general: 10 puntos.

Todo ello hace un total de 100 puntos.

Rastreo libre, categoría B (prueba)

Para participar en esta prueba es necesario haber obtenido un *excelente* en la categoría A. Los perros que hayan logrado dos en B no serán admitidos. Se puede pasar el A y el B el mismo día, con el consentimiento previo por parte del juez.

La pista deberá ser simple, caliente, de 850 pasos con dos ángulos rectos y dos agudos (en ningún caso de menos de 45°). No habrá pistas falsas. Deberán colocarse uno o dos trazadores alternados. El objeto deberá colocarse a lo largo de los 850 pasos y estará alejado de los jalones de salida como mínimo 130 pasos. El tiempo base establecido será de 10 minutos. El trazador deberá encontrarse fuera del campo de trabajo antes de la presentación.

El perro deberá rastrear solo. Seguirá la pista, encontrará el objeto, lo llevará al conductor y se sentará frente a él con el objeto en la boca.

El baremo de puntuación es el siguiente:

— entrega del objeto: 40 puntos;
— rastreo (corrección del trabajo): 50 puntos;
— presentación, aspecto general: 10 puntos.

Todo ello hace un total de 100 puntos.

Rastreo libre, categoría C (concurso)

Para participar es necesario haber obtenido dos *excelentes* en la categoría B con dos jueces distintos, o bien haber obtenido un *excelente* en RCI 2, aunque sólo en la modalidad de rastreo.

Para esta prueba, la pista será simple, caliente, de 850 pasos con cinco ángulos, de los cuales tres son rectos u obtusos y dos muy agudos (en ningún caso de menos de 30°). Una falsa pista cortará la pista perpendicularmente en dos puntos.

Serán necesarios uno o dos trazadores alternados y otros dos que actúen simultáneamente. El objeto deberá colocarse a lo largo de los 850 pasos, si bien estará alejado de los jalones de salida como mínimo 60 pasos. El tiempo base establecido será de 10 minutos. El trazador o los trazadores deberán encontrarse fuera del campo de trabajo antes de la presentación.

El perro rastrea solo. Debe seguir la pista, encontrar el objeto, llevarlo al conductor y sentarse frente a él con el objeto en la boca.

El baremo de puntuación es el siguiente:

— entrega del objeto: 40 puntos;
— rastreo (corrección del trabajo): 50 puntos;
— presentación, aspecto general: 10 puntos.

Todo ello hace un total de 100 puntos.

Con correa de rastreo o CR (concurso)

Para participar en esta prueba es necesario haber obtenido dos *excelentes* en la categoría B con dos jueces distintos, o bien haber conseguido un *excelente* en RCI 2 (si bien, sólo en rastreo). En cambio, es necesario no estar en posesión de dos *excelentes* en CRS.

La pista es simple, caliente, de 1.100 pasos, con un mínimo de seis ángulos y un máximo de siete, de los cuales tres son obligatoriamente agudos (en ningún caso de menos de 45°), y los restantes rectos u obtusos. Una falsa pista simple corta la pista en dos puntos, en uno perpendicularmente y en otro formando un ángulo agudo (nunca inferior a 45°).

Se colocan uno o dos trazadores alternados y otros dos falsos trazadores actuando simultáneamente. Asimismo, se colocan dos objetos dispuestos sobre la pista por el trazador. Hay que preparar también una meta que señalarán el trazador y el juez, situada a 10 o 15 pasos de la pista y del trazador, nunca detrás de este. El tiempo establecido será de 20 minutos.

El perro rastrea con la correa, seguido del conductor; debe seguir la pista, encontrar los objetos (o señalizarlos), llevarlos al conductor y sentarse frente a él con los objetos en la boca. Por último, habrá de identificar al trazador al finalizar la pista, colocarse e indicarlo.

El baremo de puntuación es el siguiente:

— entrega del objeto (10×3): 30 puntos;
— rastreo (corrección del trabajo): 35 puntos;
— presentación, aspecto general: 10 puntos;
— llegada: 25 puntos.

Todo ello hace un total de 100 puntos.

Pista fría o PF (concurso)

Para participar en este tipo de prueba, el perro debe haber obtenido dos *excelentes* en B con dos jueces distintos, o bien haber obtenido un *excelente*, en RCI 2 (si bien sólo en rastreo).

La pista es simple, de 1.100 pasos, con tres ángulos rectos y uno agudo (en ningún caso de menos de 45°), sin falsa pista. Serán necesarios uno o dos trazadores alternados. En la pista habrá que colocar tres objetos de manera que el tercero de ellos marque el final de la pista. El tiempo base establecido será de 20 minutos.

Durante la prueba el perro rastreará con la correa, seguido del conductor. Debe seguir la pista, una hora después de haber sido trazada, encontrar los objetos (o señalizarlos), llevarlos al conductor y sentarse frente a él con el objeto en la boca.

El baremo de puntuación es el siguiente:

— objetos (10 × 3): 30 puntos;
— rastreo (corrección del trabajo): 60 puntos;
— presentación, aspecto general: 10 puntos.

Todo ello hace un total de 100 puntos.

Con correa de rastreo selectivo o CRS (concurso)

Los perros participantes deberán poseer:

— cuatro *excelentes* otorgados por dos jueces distintos en CR, uno de ellos obtenido en concurso no regional;
— dos *excelentes* otorgados por dos jueces distintos en PF, obtenidos en concurso regional o no;
— dos *excelentes* por dos jueces distintos en C, uno de ellos obtenido en concurso no regional;
— un doble *excelente* en C-CR (en el mismo fin de semana), obtenido en concurso regional o no.

La pista será simple, caliente, de 1.100 pasos, con un mínimo de seis ángulos y un máximo de siete, de los cuales tres o cuatro serán obligatoriamente muy agudos, aunque nunca menores de 30°. Una falsa pista, simple o doble, corta la pista en tres puntos, perperdicularmente o formando un ángulo muy agudo (mayor de 30°). Se emplearán uno o dos trazadores alternados y uno o dos falsos trazadores que actuarán simultáneamente. Uno de los trazadores colocará tres objetos sobre la pista. Antes de comenzar, se procederá a un sorteo para decidir el orden de los perros participantes. El tiempo base establecido será de 20 minutos.

Durante la prueba, el perro debe seguir la pista, encontrar los objetos (o indicarlos), llevarlos al conductor, sentarse frente a él con el objeto en la boca, y por último identificar (habiéndole quitado la correa) al trazador, colocarse e indicarlo al final de la pista.

El baremo de puntuación es el siguiente:

— entrega del objeto (10 × 3): 30 puntos;
— rastreo (corrección del trabajo): 35 puntos;

— presentación, aspecto general: 10 puntos;
— llegada: 25 puntos.

Todo ello hace un total de 100 puntos.

Otras disciplinas basadas en el olfato

El perro de rescate y salvamento en escombros

(Extractos del artículo aparecido en Vos Chiens, en abril de 1997, escrito por el autor)

«Busca, ladra», es la orden que los conductores dan a los perros al iniciar cada ejercicio. Nos encontramos en Briançon para asistir a una de las jornadas del curso preparatorio para la prueba del diploma nacional de conductor de perros de rescate y salvamento en escombros.

El curso es obligatorio para presentarse al examen y el centro nacional de Briançon (Hautes-Alpes), vinculado al centro interdepartamental especializado y reconocido por Protección Civil del departamento de Hautes-Alpes —cuya sede se encuentra en la prefectura de Gap (05)—, es el único lugar en donde puede desarrollarse.

EL TERRENO DE VILLARD

Un letrero enorme nos indica que este espacio es propiedad de Protección Civil y que está prohibida la entrada al personal ajeno. Una vez dentro del terreno, el decorado refleja la triste realidad... Un montón de hierros unen trozos de hormigón, el polvo cubre los colchones y las camas están hechas añicos, unas neveras acompañan a unos turismos aplastados y un autobús sin techo; planchas, plásticos, lonas y todo tipo de restos se mezclan con caballos de madera, muñecas...

Los apoyos sobre los cascotes son inciertos y resulta difícil moverse con rapidez. Los equipos han de estar muy atentos a las trampas que les depara el suelo. Cuando descubre la víctima, el perro tiene que ladrar hasta que su conductor acude y empieza la excavación. La víctima, rápidamente rescatada, felicita y recompensa al perro, para que se realice la asociación entre la localización de la persona sepultada y un placer intenso. Durante todo este tiempo, el monitor responsable del grupo observa y sólo interviene en caso de absoluta necesidad. En cambio, una vez ha concluido el trabajo, evalúa la labor realizada.

LA FÁBRICA ABANDONADA

Un tercer equipo lleva a cabo sus operaciones en una central hidroeléctrica totalmente abandonada. Una parte del techo de la planta baja está derrumbado, y el suelo está cubierto de obstáculos de todo tipo; en algunos puntos el suelo desaparece, formando negros y húmedos socavones.

Son accesos improvisados a las canalizaciones subterráneas por donde pasaba el agua.

Diploma nacional de conductor de perro de búsqueda y salvamento en escombros

En Francia el diploma es expedido por el ministerio del Interior, y se otorga al equipo formado por el conductor y el perro. El equipo recibe también el permiso para trabajar. Si el conductor cambia de perro, debe presentarse de nuevo a examen. Este último consta de:

— una prueba que valora la capacidad operacional del conductor y de la del perro, realizada mediante evaluación continua durante todo el curso (coef. 3);
— una prueba práctica sobre el temario del programa del curso (coef. 1);
— una prueba práctica sobre el temario del programa del curso (coef. 2).

Para obtener el diploma es preciso alcanzar una media de 72 puntos sobre 120, sabiendo que una nota de 6 sobre 20 es eliminatoria. Para tener derecho a presentarse al examen es obligatorio haber seguido el curso, que tiene una duración de dos semanas.

El curso y el examen están organizados bajo la responsabilidad del prefecto, comisario de la República del departamento de Hautes-Alpes, servicio interministerial de asuntos civiles y económicos de defensa y protección civil.

El curso está abierto a mayores de 18 años que posean el diploma nacional de socorrismo, y que presenten certificado médico de aptitud (en particular para trabajos de esfuerzo) y certificado de vacunación contra el tétanos.

El perro ha de tener una edad mínima de 18 meses y máxima de 5 años. Debe tener en regla el libro de vacunaciones, estar tatuado, poseer buenas condiciones físicas y saber realizar los ejercicios siguientes:

— conducción con correa y sin correa;
— posiciones básicas de obediencia;
— porte de bozal;
— ausencia del dueño;
— ladrar a la orden;
— búsqueda del amo ladrando al descubrirlo;
— sociabilidad;
— saltos de obstáculos y parada sobre obstáculos;
— llamada;
— reacción a los ruidos.

El ejercicio tiene una mayor dificultad cuando se trata de buscar a alguien que se encuentra en un conducto oscuro de donde provienen los olores del agua estancada. Sin embargo, el perro ha de ser capaz de entrar en estos lugares y moverse por las superficies resbaladizas.

Por la tarde, un grupo se desplaza a un caserna abandonada. Allí no hay desprendimientos ni escombros, sino un espacio inmenso donde todas las habitaciones se parecen, y las divisiones se calcan en cada piso. Sin embargo, no es esta la dificultad mayor. El hecho de que en todos estos espacios casi geométricos sin puertas ni ventanas no haya más que vacío hace que las corrientes de aire se crucen una y otra vez, desplacen las moléculas odoríferas y alteren los hábitos de los perros.

Los perros se enfrentan a un duro trabajo porque no es fácil encontrar el origen de las emanaciones; hay que atravesar zonas oscuras y a veces los voluntarios se esconden en las partes altas para no acostumbrar al perro a buscar solamente a ras de suelo. El ejercicio se complica cuando el animal debe encontrar a varias personas. El perro es estimulado con un motivador o una pelota, y acto seguido el portador de dicho instrumento se esconde junto con dos víctimas más. Cuando el perro descubre la primera, recibe felicitaciones, pero no es la persona que está en posesión del objeto que desea. El dueño ordena de nuevo la búsqueda, y cuando el perro descubre a la última persona escondida se le permite jugar con el motivador.

LOS EJERCICIOS NOCTURNOS EN VILLARD

A las nueve de la noche empiezan los ejercicios nocturnos, siempre con el objetivo de preparar al conductor y a su perro para afrontar todo tipo de contingencias. Para ello no se ha olvidado ningún detalle: unos focos halógenos producen luces intensas que contrastan con zonas sumidas en la negra oscuridad en las que es difícil saber si delante hay suelo o una cavidad, un grupo electrógeno de lo más ruidoso, fuegos que crean olores parásitos, voluntarios que golpean bidones metálicos para simular los sonidos que podría haber en caso de catástrofe real. Los efectos son impresionantes pero necesarios para asegurar una buena actuación en casos reales.

En el programa de este curso se incluyen ejercicios cada vez más complejos, como por ejemplo el transporte en helicóptero, el rapel por una fachada (con lo que ello implica en cuanto a conocimientos de nudos), un ejercicio operacional con marcha, topografía…

El perro de avalanchas

Lo primero que hay que hacer para llevar a cabo estos ejercicios, que se realizan en la nieve, es cavar unos escondites dentro de una avalancha, trabajo que resulta bastante agotador porque se necesita una cavidad bastante espaciosa para que el sepultado pueda respirar. Téngase en cuenta que bastan unas decenas de centímetros de nieve encima, para que la presión sea considerable.

Una vez determinado el lugar en donde se encuentra sepultado el voluntario que hace de víctima, se procura que no haya ningún signo externo que llame la atención del perro.

Los equipos de socorristas trabajan parcelando el terreno y clavando largas sondas para verificar la presencia de algún cuerpo debajo de la nieve. Los orificios que dejan permiten que el posible olor salga en vertical.

El perro de estupefacientes y de explosivos

Actualmente existe un buen número de perros especializados en este tipo de búsquedas utilitarias, pero no siempre había sido así. A finales de los años sesenta, muy pocas brigadas de policía poseían perros especializados en la búsqueda y detección de explosivos o estupefacientes. En los años setenta y ochenta, se llevó a cabo un programa de adiestramiento que permitió incorporar a los departamentos de lucha antiterrorista y contra el narcotráfico ejemplares que demostraron en poco tiempo su buen hacer.

La base de la educación es la misma para ambas modalidades: el juego. En términos generales, se esconde la sustancia que debe detectarse en el interior de la pelota del perro, que asocia el olor con una diversión que él buscará a partir de entonces. En el caso concreto de los estupefacientes, el perro ladra para indicar el lugar en donde se halla el paquete o señalar a la persona que lo lleva consigo, pero sin mostrar agresividad. En cambio, para los explosivos, el perro no debe ladrar en ningún caso, sino permanecer inmóvil delante del punto en donde se encuentra el objeto sospechoso.

Hoy en día se está empezando a adiestrar perros para encontrar indicios de hidrocarburos en los incendios, con métodos de aprendizaje basados en principios similares.

El pastor belga groenendael también puede ser utilizado para la búsqueda deportiva, siempre siguiendo la misma técnica de instrucción: el perro ha de asimilar el olor de la trufa con un placer, un juego, una recompensa.

Las exposiciones caninas

Las exposiciones caninas no son, como pretenden algunas personas que nunca han puesto los pies en ninguna, reuniones mundanas en donde se exhibe el perro como si se tratara de un objeto precioso. No consiste en una fiesta para cultivar la vanidad de propietarios de «piezas de colección». Es cierto que la mayor parte de los propietarios están orgullosos de sus animales de compañía, pero sienten un orgullo sano que les hace amar y respetar a su amigo de cuatro patas. Y, si sufren una decepción por un resultado no esperado, nunca les pasaría por la cabeza la idea de recriminar a su perro, ya que en su fuero interno siguen pensando que es el animal más bonito, más inteligente y sobre todo el más simpático.

La exposición canina permite a los criadores comprobar la veracidad de sus juicios personales en lo que respecta a la calidad de su producción. También representa el marco en el que todos los aficionados que se plantean la posibilidad de adquirir un perro pueden contactar con muchos criadores y entrevistarse con ellos, y en donde podrán contemplar un gran número de ejemplares. Por último, los juicios, que se emiten con el más claro deseo de imparcialidad, permiten valorar a los ejemplares que reúnen unas determinadas características, que por consiguiente estarán solicitados como reproductores. Todos estos aspectos contribuyen a un mejor conocimiento y, en consecuencia, a una mejor selección de cada una de las razas.

Cuando se presenta al juez, el perro está en compañía de otros perros de su misma raza; por tanto, un requisito indispensable es que el animal esté acostumbrado a tolerar sin ningún problema la presencia de congéneres. La estimación que realiza el juez toma como referencia el estándar de la raza. El resultado es una calificación que otorga a cada ejemplar. Existen cinco calificaciones, que explicamos a continuación.

Excelente: sólo puede concederse a un groenendael que se aproxima al máximo al estándar ideal de la raza, que es presentado en condiciones perfectas, que en conjunto es armónico y equilibrado, que posee «clase» y una andadura brillante. El animal debe destacar por sus grandes cualidades, que le harán perdonar pequeñas imperfecciones, y tiene que poseer las características propias de su sexo.

Muy bueno: esta calificación se atribuye al ejemplar de tipo perfecto, proporciones equilibradas y en buenas condiciones físicas. Se tolerará algún defecto venial, pero no morfológico. Esta calificación ha de premiar a un groenendael de calidad, digno de ser utilizado para la reproducción.

Bueno: se atribuye a un perro en posesión de las características de la raza, pese a acusar algunos defectos, siempre que estos no sean penalizables.

Bastante bueno: se atribuye a un perro suficientemente típico, sin cualidades notables o que no esté en buenas condiciones físicas.

Insuficiente: se adjudica cuando los defectos, especialmente los de tipo, predominan sobre las cualidades.

Los perros pueden competir en distintas clases, que están determinadas por la edad o la categoría: clase debutante, clase joven, clase abierta, clase de trabajo y clase de campeón de belleza. En cada una de ellas se da una clasificación de los cuatro mejores perros.

En las exposiciones de rango nacional, se concede el certificado de aptitud para el campeonato de belleza, o CAC, al perro clasificado en primer lugar, siempre que haya obtenido la calificación de *excelente*. Ello no significa que la primera calificación tenga derecho automáticamente al CAC, ya que para merecer esta distinción el groenendael ha de mostrar realmente grandes cualidades. Si el segundo clasificado también las posee, obtendrá la reserva de certificado de aptitud para el campeonato de belleza, o RCAC. El animal que logra un CAC está en condiciones de acceder al campeonato nacional.

El certificado de aptitud para el campeonato internacional de belleza, o CACIB, se concede en las mismas condiciones pero en una exposición internacional, igual también que la reserva de certificado de aptitud para el campeonato internacional de belleza, o RCACIB.

Desarrollo del certamen

En primer lugar, deberemos acudir al *ring* que corresponda a nuestra clase cuando se realice la llamada, y ocuparemos la plaza sin que el nerviosismo se apodere de nuestros actos. Si no mantenemos la calma, el perro tampoco lo hará y ello repercutirá en el resultado del juicio.

El juez examina, para empezar, los perros uno a uno. Observa con detalle la dentadura de nuestro perro (primero un lado, después el otro). El perro ha de estar acostumbrado a este tipo de manipulaciones y no dar muestras de agresividad. También verificará, en los machos, los órganos sexuales externos. Igual que se ha dicho para la dentadura, el perro debe estar habituado a este tipo de manipulaciones, y a que lo hagan personas que no sean forzosamente su dueño (el perro no debe pensar que la única persona autorizada para inspeccionarle es su amo).

El juez irá anunciando sus valoraciones en voz alta, de manera que el secretario podrá ir tomando nota. A continuación, el juez querrá observar al perro en posición *estática*, es decir, de pie, atento y con las orejas erguidas. Para lograrlo, una persona que esté fuera del *ring* puede llamar al perro para que adopte una actitud de atención en el momento conveniente.

Seguidamente el juez valorará la manera de caminar. Primero habrá que procurar que el perro camine y que trote de la forma más armoniosa posible, evitando la ambladura que, pese a ser natural en el pastor belga, en las exposiciones impide obtener la máxima puntuación. Por último, el conductor volverá al lugar asignado y esperaremos que todos los demás perros hayan sido observados atentamente.

Una vez el juez ha visto a todos los perros, puede ordenar que paseen de nuevo por el *ring* para confirmar sus impresiones. Acto seguido los coloca en orden según la clasificación, entrega a los propietarios las cartulinas de las calificaciones y les explica la causa de sus decisiones.

Cuando han finalizado todos los juicios correspondientes a una misma raza, los vencedores de cada clase se disputan el título de Mejor de la Raza (BOB), en donde participan todas las variedades. A continuación, si el groenendael continúa clasificado, se medirá con todos los mejores de raza del primer grupo (perros de pastor y bouviers) para aspirar al título de Mejor de Grupo, que a su vez, se disputan el prestigioso Best in Show (BOS), el mejor perro de toda la exposición. En el caso de que el certamen durase varios días, se realizaría una selección previa en la que se clasificarían los mejores ejemplares de cada jornada.

El perro ha de estar perfectamente acostumbrado a ser conducido. (Propiedad de los señores Chereau)

Para dar lo mejor de sí, el amo ha de compenetrarse perfectamente con el perro

De todos modos, si el resultado no fuese demasiado alentador, no debe pensarse que el perro carece de aptitudes; téngase en cuenta que el juez debe tomar una decisión observando ejemplares de razas y grupos distintos. Este tipo de juicios es muy subjetivo. Además, tampoco debe olvidarse que la única finalidad de estos certámenes es que los perros y sus propietarios pasen un buen rato.

Extracto del reglamento de las exposiciones caninas

Por lo general, los propietarios deben presentarse con sus perros media hora antes de la inauguración del certamen y tener en regla el certificado de vacuna antirrábica y el resguardo de la inscripción. Los perros no podrán abandonar la exposición antes de las cinco y media de la tarde. Antes de dicha hora sólo se autorizarán salidas previo pago de una fianza. La organización deberá organizar un servicio de bar y restaurante.

Alojamiento

Todos los perros se alojarán en las jaulas, que sólo podrán abandonar para acudir al *ring* y presentarse ante el juez.

Cualquier violación de esta disposición puede conllevar la descalificación del perro y, por tanto, la pérdida del premio.

Está prohibido colocar paja en las jaulas; sólo se admiten mantas.

Anuncios

Los criadores dispondrán de un panel de 45 × 35 cm en donde escribir el nombre y la dirección del criadero, los principales títulos obtenidos por el criador y el anuncio de las camadas disponibles. Se autoriza un solo panel por cada jaula.

La distribución de cualquier tipo de prospectos está rigurosamente prohibida durante la exposición.

Servicio veterinario

El servicio veterinario está asegurado por un colegiado que tiene la potestad de pronunciarse sobre la aceptación, el rechazo o la expulsión, tanto en la entrada como en el transcurso de la exposición, de los ejemplares siguientes:

— perros de aspecto enfermo o que presenten enfermedades de la piel;
— perros ciegos o lisiados;
— perros afectados de monorquidia, criptorquidia o que padezcan malformaciones;
— perras visiblemente gestantes, en estado de lactancia o acompañadas de sus cachorros, así como de las perras en celo;
— perros peligrosos.

La decisión del servicio veterinario es inapelable. En caso de denegación de la entrada por parte del servicio veterinario, el importe de la inscripción no está sujeto a devolución.

Anulación

En caso de que fuese imposible inaugurar la exposición por causas de fuerza mayor ajenas a los organizadores, los derechos de inscripción no serán reembolsados, ya que la organización tendrá que cubrir los gastos debidos a los compromisos de organización contraídos.

Inscripciones

Los perros han de ser propiedad del expositor, y pueden ser presentados por cualquier persona que él designe, excepto por jueces, quienes sólo pueden presentarlos fuera de concurso y sin opción al premio.

No podrán tomar parte en las exposiciones las personas que hayan sido descalificadas o excluidas por las Sociedades Centrales de países extranjeros, por sus organismos afiliados o por organismos reconocidos por la RSCFRCE.

Están admitidos en la exposición todos los perros de razas reconocidas y que figuren en las clasificaciones establecidas por la FCI.

El perro, obediente, en la mesa de agility. (Propiedad de Jacques Saad)

Se rechazarán:

— las inscripciones llegadas una vez pasada la fecha del cierre;
— las inscripciones presentadas el mismo día de la exposición;
— todas las modificaciones o inscripciones en otras clases participantes el mismo día de la exposición, salvo en caso de error de transcripción por parte de la organización.

Está prohibida la inscripción simultánea de un perro en distintas clases.

Los derechos de inscripción tienen que ser satisfechos en el momento del envío de la hoja de inscripción, y no serán reembolsados en caso de que el expositor no haga acto de presencia. Al efectuar el pago, se le entregará un resguardo donde figurará el importe total abonado, y que será imprescindible para la recogida de tarjetas, premios y diplomas.

Las inscripciones responden a las siguientes clases:

— abierta, en la que participan perros mayores de quince meses. Da derecho a la obtención del CAC;
— cachorros, donde participan aquellos ejemplares que tienen más de cinco meses y menos de nueve;
— jóvenes, constituida para todos los perros con edades comprendidas entre los nueve y los veinticuatro meses, a la fecha de la apertura de la exposición; esta clase puede dar derecho a la obtención de un *excelente*, pero no al CAC;
— campeones, reservada exclusivamente a los perros con título de campeones nacionales de los países miembros de la FCI y de campeones internacionales de la FCI (haciendo constar la fecha de homologación);
— cría, en la que participan grupos de tres o más ejemplares de la misma raza y variedad, sin distinción de sexo, que estén inscritos en una clase individual, nacidos en el mismo criadero, pero pudiendo ser propiedad de distintos expositores;
— parejas, reservada a machos y hembras de la misma raza, variedad y propietario. Para participar en esta clase, ambos ejemplares deberán estar inscritos individualmente en alguna de las otras categorías.

El aspecto general es uno de los criterios de juicio. (Propiedad de Serge Delohen)

Cierre de las inscripciones

Normalmente, el cierre de las inscripciones tiene lugar tres semanas antes de la fecha de la exposición. Toda inscripción llegada después de esta fecha será rechazada y reembolsada con una deducción del 10 % en concepto de gastos de secretaría.

Denegación de la inscripción y exclusión

La organización se reserva el derecho de rechazar todas las inscripciones que considere que no debe admitir y de reembolsarlas incluso después de haberlas aceptado.

Se excluirán en la entrada o en el transcurso de la exposición los perros que rechace el veterinario, así como también los que hayan sido presentados en lugar de otros perros. En este caso los importes de las inscripciones no serán reembolsados. Está formalmente prohibida la entrada al recinto de perros no inscritos al certamen. Tampoco se aceptarán las inscripciones solicitadas en la puerta de entrada.

Veredicto del juez

El juez oficia solo en el *ring*, bajo su responsabilidad personal. Está asistido por un secretario, un comisario de *ring* y, en algunos casos, por un asesor o un intérprete. Los veredictos son definitivos y no susceptibles de reclamación a partir del momento en que son pronunciados. El juez descalificará automáticamente a los perros miedosos o agresivos.

Los perros ausentes en el momento del examen no podrán optar a él más tarde.

Reclamaciones

Todas las reclamaciones fundadas en el presente reglamento, a excepción de las que hagan referencia a los veredictos (puesto que estos no pueden ser apelados), deberán ser formuladas por escrito en el plazo de una hora de haberse producido el hecho de que las haya motivado.

Sanciones

Podrán ser excluidos temporal o definitivamente de las exposiciones o concursos organizados por la RSCFRCE, los siguientes participantes:

— los expositores declarados culpables de faltas contra el honor;
— los que hayan prestado una declaración falsa;
— los que hayan practicado al perro de su propiedad algún tipo de operación susceptible de falsear su calidad;
— los que con su lenguaje, escritos o actos, perjudicasen la exposición o afrentasen a los jueces o a la sociedad organizadora;

Un gran campeón (fotografía
de Serge Sanches)

— los que hayan introducido subrepticiamente un perro
no inscrito o hayan sustituido un perro inscrito por otro;
— los que hayan abandonado la exposición antes de la
hora fijada.

Estas disposiciones también valen para los entes afiliados.

Responsabilidades

La sociedad organizadora declina cualquier responsabilidad en caso de robo, pérdida, huida, enfermedad, muerte
de los animales expuestos, o mordeduras causadas por estos, independientemente de la causa y de las circunstancias.

Los expositores son los únicos responsables de los accidentes ocurridos en el interior del recinto y de los desperfectos ocasionados por sus perros, tanto a terceros
como a ellos mismos. En ningún caso la sociedad organizadora puede ser considerada responsable en su lugar.

Por el solo hecho de inscribir a los perros, los expositores aceptan de forma absoluta, sin condiciones ni reservas,
todos los artículos del presente reglamento, cuyo contenido afirman conocer al firmar la hoja de inscripción.

Direcciones útiles

**Real Sociedad Central de Fomento
de las Razas Caninas en España**
Los Madrazo, 26
28014 Madrid
Tel.: (91) 522 24 00; (91) 521 84 19; (91) 429 99 80
Fax: (91) 522 51 92

Club español del perro pastor belga
Arragua, 51
48903 Baracaldo (Vizcaya)
Tel. y fax: (94) 499 95 75

Impreso en España por
BARNA OFFSET, S. L.
Venècia, 18
08210 Barberà del Vallès